今日の私がいちばんキレイ

佐伯流 人生の終いじたく

佐伯チズ

GENTOSHA

はじめに

いつの頃からか、海外出張に行く際には書き置きをするようになりました。行先や日程のほか、財産・書類の自宅での保管場所を記し、「佐伯チズに万一のことがあった場合、すべての所有物は弟に託す」といった内容の簡易遺言状です。そして古希を迎えた二〇一三年、私は本格的に人生の「終《しま》いじたく」を始めました。持ち物の整理をし、相続やお墓、葬儀、終末期医療などについて自分の意思を周囲に伝え、必要であれば書類を作成する。ともに誰に教わったわけでもありません。残された人に迷惑をかけないよう、ひとりで生きていく中で自然に身につけたことです。

本書では六十歳からの暮らしや美、心の持ち方、そして私が目下実践中の終いじたくにいたるまでランダムに綴《つづ》ってみました。年齢を重ねることって素晴らしい！　そう感じていただけたらとてもうれしいです。

今日の私がいちばんキレイ　もくじ

はじめに　3

第一章

人生の春は何度もやってくる

〝老春〟を謳歌しよう　10
今、欲しいものはクルマ　16
なぜ夢をもたないの？　20

執着せずにあっけらかんと生きる　25
宇野千代さん、瀬戸内寂聴さんの生き方が好き　29
ピンと来たら、念じて引き寄せる　33
人との比較が不幸の始まり　38

第二章
死ぬまで肌は活性化する

どうして年齢を隠すの？　44
六十過ぎたらシワがあって当たり前　48
「美容＝何をつけるか」ではない　52
NGワードは「どうせ」　56
「似合う色」は変わる　61

心がけるべきは「清潔感」 66
立ち方、歩き方に年齢が出る 70
母が最後に教えてくれたこと 75

第三章 六十歳からの暮らし方

五十七歳で大借金をして理想の住まい 80
テレビを見るときはメモ帳持参で 86
四十肩、更年期、突発性難聴……。どれも丸ごと受け入れる 90
膨大なものをどう整理するか？ 95
ショウガと黒糖が私の常備薬 99
宅配、お取り寄せを上手に活用 103

今、健康であることに感謝したい　107

第四章　これが私の〝人生の終い方〟

かつては『関白宣言』、今は『千の風になって』が響く　112
葬儀は質素でいい。ただしBGMは……　117
死ぬのは怖くない。あの世で皆が待っているから　122
棺の中の私はたぶん笑っている　126
親友との別れで学んだこと　130
自分のために保険に加入　135
遺産は佐伯式を広めてくれる人に　140
野生動物のように自然に逝きたい　144

第五章
やりたいことはどんどんやったほうがいい

大事なことはすべて祖父母に教わった　150
その年齢にしかできないことがある　154
若いうちは借金をしてでもアメリカへ！　158
語り継がれるべき日本人の美意識　163
教育と〝共育〟について　168
年齢を重ねるのは楽しい　172

装幀　石間淳
装画　門川洋子
写真　高山浩数
DTP　美創
協力　ふじかわかえで
編集協力　ヴュー企画

第一章

人生の春は何度もやってくる

〝老春〟を謳歌しよう

「老人って何歳からのことをいうんですか？」

つい最近、高齢者関連団体の方とお話しする機会があり、ふと質問をしてみました。すると、「六十歳です」という答えが返ってきました。国連では六十歳以上を高齢者、七十五歳以上を後期高齢者と定義しているのだそうです。このとき私は、「あ、私もうとっくに老人なんだわ」と、何か落とし物でも見つけたような気分になりました。

父不在、母も子供を置いて平気で家を空けるような家庭に育った私は、母方の祖父母がいる滋賀県甲賀市で子供時代を過ごし、高校生になると大阪の曽根崎で小料理屋を営む母の姉の家に、養女として預けられました。

酒と煙草《たばこ》と色恋にまみれた水商売の世界に嫌悪感を抱《いだ》き、一刻も早く家を出たいと願っていた私が上京を果たしたのは二十歳のときでした。つまり、二十年近くにわたって肩身の狭い生活をしていたのです。

晴れて東京に出てからは、美容学校を卒業すると同時に銀座・松屋デパート内にあった憧れの牛山喜久子美容室へ就職しました。それからは新米美容師として先輩に負けじと必死で働きました。

やがて、かねてよりお付き合いをしていた「飲む、打つ、買う」をやらない理想の相手からのプロポーズを受けて大阪に戻るものの、夫の死という形でふたりの結婚生活は十九年半余りで幕を閉じることになりました。

そんな平坦ではない道を歩んできた私には、いわゆる世間一般でいう〝青春時代〟がなかったのかもしれません。

しかし今は、自分で働いて手に入れた家で気ままに暮らし、マイケル・ジャクソンの映画を観ては胸をときめかせ、毎朝夫の遺影に話しかけ、仕事やプライベートで国内外を飛び回ったり、お気に入りの服や靴でおしゃれをして美味《おい》しいものを食べに出かけたり――。私にとっては六十歳を過ぎてからの日々のほうがよっぽど〝青春〟なのです。

人生の春は十代、二十代に訪れる一過性のものではない。自分の経験から私はそう確信しています。六十歳を過ぎてからの春は、言ってみれば〝老春〟。青臭い青春に対して、酸《す》いも甘いも分かった上での春、老春には芳醇《ほうじゅん》な香りが漂っています。「ねえ私、今老春なのよー、楽しいのよ。老春を謳歌《おうか》しているの」なんて、ちょっと素敵じゃないですか？

そういえば、佐伯式のお手入れを継承するビューティシャンを育成するためのチャモロジー（魅力学）スクールを開校した二〇〇四年、学校説明会で顔を赤らめながらこう質問した方がいました。

「あのー、こんな年齢ですが、よろしいでしょうか？」

岡山に住む当時六十歳の女性です。聞くと、同窓会の席で「エステに行ってみたいわ。でも私たちの年齢では敷居が高いわね」という話になり、自らが技術を学んで自宅で友達だけでもお手入れしてあげられればと考えたそうです。素晴らしいと感じた私は、即座にこう答えました。「年齢は一切関係ありません。あなたの気持ち次第ですよ」と。

ホッとした表情を見せた彼女はすぐに入学手続きを済ませ、半年間、無遅刻無欠席でカリキュラムを修了しました。忘れもしない卒業式の後、彼女は少女のようなキラキラした瞳でまっすぐに私を見て、こう言ったのです。

「半年間、ここで勉強をしましたが、私が今まで主婦として犠牲にしてきたものを、全部取り戻しました」

そして、認定試験に合格するとすぐに故郷に戻り、ご主人の協力を得て自らのサロンをオープンしたのです。

現実的なことをいうと、六十歳といえば体力も視力も記憶力も衰えてくる年代です。自分の孫ほどの年齢の生徒たちと一緒になって美容の基礎を覚え、技術を身につけていくのは並大抵のことではなかったはずです。それでも、ビューティシャンになる日を夢見て猛勉強をした半年間は、彼女にとってかけがえのない日々、まさに〝老春〟だったのではないでしょうか。

また、七十三歳でチャモロジー（魅力学）スクールに入学したのち、一年間の夜学コースを一度も休むことなく修了しビューティシャンとして活躍されている方もいます。

おふたりとも、年齢を感じさせないバイタリティで佐伯式の認定試験を見事パスしただけでなく、「皆勤」というのがまた素晴らしいと私は感激しました。

生きていれば凍《い》てつくような冬も、実りの秋も、ヒリヒリする夏もやってきます。それぞれの季節を味わい尽くしてこそ、人生はドラマチックに彩られるのではないでしょうか。

年齢的に老人のカテゴリーに入ったからといって、冬の寒さに耐え続ける必要などありません。私はまだまだ、爛漫《らんまん》の春を楽しみたいと思っています。

人生の春は十代、
二十代に訪れるような
一過性のものではない。

年齢的に老人のカテゴリーに入ったからといって、
冬の寒さに耐え続ける必要などない。
〝老春〟を味わい尽くそう。

今、欲しいものはクルマ

「今、欲しいものはありますか?」。先日そんな質問をされて、しばらく考え込んでしまいました。日々、部屋を埋め尽くす膨大なものを減らしていくのに精一杯で、改まって欲しいものと聞かれてもすぐには思いつきません。

でも、ふとあるものが頭に浮かび、こう言いました。「クルマが欲しい!」。皆がずっこけました。目を丸くする相手に向かって、「そう、深紅のミニクーパー。ドアが開いて七十二歳が降りてきたら、ちょっといいでしょう?」と続けました。

そもそも、今の私になぜクルマが必要なのか。それは、昔から抱いていたひとつの夢があるからです。「クルマで全国のお蕎麦《そば》屋さんを回る」。これは三十代の頃からいつか実現させたいと温めてきた計画でした。何を隠そう私は大の蕎麦好きで、都内の名店は一通り押さえてありますし、講演会やイベントで遠出をすれば、その土地の美味しいお蕎麦屋さんを探して駆け込みます。お蕎麦にはちょっとうるさいのです。

だから、全国の蕎麦街道や門前町を回って、そこでしか食べられないお蕎麦の味を満喫できたらこれ以上の贅沢《ぜいたく》はありません。そして、道中でお寺に参拝したり、焼き物の産地にも足を延ばしたりして、のんびりと旅をしたいのです。

この〝蕎麦巡礼〟、実は同じく蕎麦好きだった夫と一緒に行く予定でしたが、夫亡きあとは彼の分まで生きて、定年後に私が代表してこの夢を叶《かな》えようと方向転換しました。ところが、人生とは分からないものです。定年後に美肌師、生活アドバイザーとしてそれまで以上に駆け回る日々となったため、とうとう今日まで持ち越してしまったというわけです。

でも、六十歳を過ぎてから佐伯式ケアを育成するスクールを開校したことで、現在、〝佐伯式認定ビューティシャン〟として活躍する卒業生が全国にいます。

だから私はミニクーパーを横付けにして、各地で頑張っているエンジェルたちに会いにいくのです。「元気でやってる?」って。蕎麦巡礼にもうひとつ、楽しみが加わりました。

もっとも、ミニクーパーで日本縦断などと喜々として話しているのは私だけで、周りはいささか冷ややかな目をしてこう言います。「その年齢で、しかも小さなクルマで運転などしたら危ない」と。けれども私は、涼しい顔でこう返すのです。「私、運動神経がいいから平気よ。交通事故でクルマがパーになったら、私も一緒にパーになっちゃえばいいじゃない」。

聞くと、最近はコンパクトで丈夫なエコカーがたくさん出ているらしく、それを勧められると、新しいもの好きの私としては心が揺らがないわけでもない。「だったらエコカーも検討してみようかしら」などと思いながら、夢の実現に向けて着々と準備を進めているのです。

実現したいことがあれば
ものの見方が変わってくる。

ガラクタの整理に追われて、
ものへの興味がなくなっていく世代、
叶えたいことがあれば、　おのずと物欲もわいてくる。

なぜ夢をもたないの？

真っ赤なシャツに黒い吊《つ》りズボン、腕にはミッキーマウスの時計を巻き、足元はピカピカの革靴に白いソックス……。男の子が生まれたら、そんな格好をさせたいと思っていました。結局、子供を授かることはありませんでしたが、いつだって私の夢は具体的なのです。

「夢は具体的であるほど叶えやすい」「アバウトな夢はアバウトなまま自然消滅する」。これが夢を追い続けてきた私の持論です。

子供がいなかったこともあり、専業主婦だった新婚当初の私は正直、時間を持て余していました。夫を送り出し、家のことを一通りしてもまだ正午です。「夕方の買い物まで何しようかしら……」。この余った時間がもったいないというのと、ある夢を叶えるために私は夫に相談して、ゲランという化粧品メーカーで働くことにしたのです。

私が結婚をした一九六七年は、いざなぎ景気の真っただ中でした。アルファベット表記の頭文字をとって3C、または新・三種の神器といって、カラーテレビ、クーラー、クルマが普及し始めた頃です。かつてアメリカ映画の中で見ていた豊かな暮らしが日本にもやってくるかと思うと、私は心が躍り、家でじっとしてはいられなくなりました。当時は社宅住まいだったので、ゆくゆくはマイホームも手に入れたいと考えていました。それらの夢を一刻も早く叶えたいというのが、私が働くきっかけになったのです。

自分のエステティックサロンをもつということは、正直、私の中で強く夢見ていたことではありませんでした。けれども、定年退職後にひょんなことから自らの著書を出版する機会に恵まれ、翌年、東京・代々木にサロンを構えると、私の中でまだ芽が出ていなかった夢がむくむくと膨らみ始めたのです。

「いつかは銀座にサロンを出したい」「そして真っ赤なドアをつけたい」。なぜ赤いドアかというと、ニューヨーク五番街にある世界的に有名なエリザベス・アーデンのエステティックサロンは、ドアが赤いことにちなんで、〝レッドドア〟の愛称で親しまれています。映画や小説にもたびたび登場する、上流階級御用達のアーデンサロンは、もちろん私にとっても憧れの場所。そのエッセンスを自らのサロンに取り入れたいと思ったのです。

そして銀座は日本で最も地価が高いといわれる一等地であり、私にとっては大阪から上京して初めて美容の世界に触れた、思い出の場所でもあります。

私は念じ続けました。そして、ことあるごとに「いつかは銀座！」と人に宣言しました。そして二〇〇七年、銀座一丁目に「ルージュ・ド・ポルテ（紅の扉）」をオープン。翌年にはチャモロジー（魅力学）スクールを併設したエステティッ
クサロン「サロン ドール マ・ボーテ」を銀座通りに構え、エントランスの大き

な扉は目の覚めるような赤にしました。

思えば私は子供の頃から夢見る夢子でした。そして夢があったから前を見て走ってこられたのです。「こんな仕事をしたい」「こういう人と結婚したい」……。誰しも何かしらの夢をもってこれまで生きてきたはずです。

生まれてから死ぬまで、こうして夢に寄り添うことで、人は成長することができると思うのです。年をとったら夢はいらないということはありません。「もうこんな年齢だし」「何がやりたいか分からない」などと、年齢を重ねて夢を見ることを放棄してしまうのは、一種の怠慢だと思います。もちろん私も今だって夢を捨てたことはありません。

夢といっても、何も大それたことを考えなくてもいいのです。「きれいに死んでいきたいわ」というのもひとつの夢でしょう。「明日、うなぎ食べたいな」でもいいのです。もしかしたら、すぐに夢を叶えられないかもしれないけれど、夢を見ることが大事です。お金のあるなしは関係ないのです。

お金のあるなしは関係ない。「夢」を見ることが大事。

「もうこんな年齢だし」
「何がやりたいか分からない」などと、
夢を見ることを放棄してしまうのは、
一種の怠慢である。

執着せずにあっけらかんと生きる

これまでに、何千人もの女性の肌に触れ、お話をする機会をいただいてきた私ですが、あるとき年齢を重ねても輝いている人には、共通点があることに気づきました。それは、ものごとに執着しない。そして好奇心が旺盛なことです。

執着というのは一種の欲からくるもので、「お金が欲しい」「今の彼を手放したくない」という気持ちが〝執着〟という形になって顔にも表れてくるのです。ですから執着が強い人の表情はどこか険しく、逆に執着をしない人はすっきりと晴れ渡った顔をしています。また、好奇心が旺盛な人は、年相応の加齢変化はあっても、老けて見えない。そして、いろいろなことを見聞きしているので、話題が豊富で一緒にいて楽しいのです。

皆さんは、百歳の双子姉妹として有名だった、きんさんぎんさんを覚えていますか？　先日テレビの仕事で、名古屋に住むきんさんぎんさんの娘さんたちにお会いしました。皆さん九十歳を超えていますが、お元気で笑いが絶えません。四女の美根代さんは、自らクルマを運転してお姉様たちを買い物などに連れていき、なんと佐伯式ローションパックもしてくださっているとか。

口々におっしゃる長生きの秘訣は「くよくよしない」「おしゃべりでうっぷんを晴らす」「自分のことは自分でやる」とのことで、生前にきんさんぎんさんが全国に植樹した木を見に行くのが、ご姉妹の夢だとか。この前向きであっけらかんとした生き方、心の若さこそが長寿につながっているのだなと感じました。

たとえば若さに執着していると、エステティックサロンに行ったときでも、シミが、シワが、たるみが……と、自分の顔の欠点ばかりに目がいってしまいます。そして、いざお手入れを終えてきれいになっても、「この美しさはいつまで保てるのかしら？」と心配になってくるのです。

一方、執着しない人というのは、決して若さを捨てているわけではありません。ただ、「失ったものは返ってこない。この年齢を楽しもう」という、〝今を受け入れる〟気持ちがあるのです。そういう方は、肌のお手入れをしながらちょっとした悩みなどを聞いて差し上げると、パーッと話して心の荷物を置いていかれる。最後に鏡できれいになった自分の顔を見ると、「ありがとう！　佐伯さんまた来るわ」と言って、気持ちよく帰っていかれます。

こういう素直な人は、どんどんきれいになるのです。

かくいう私は好奇心の塊のような人間で、人がいいというものは何でも試し、美味しいと聞いたらとりあえず食べてみる。相手が年下だろうが何だろうが、分からないことはその場で聞きます。この好奇心と〝ミーハー精神〟で私は雑学の幅を広げてきたのです。

笑っても一日、泣いても一日です。だったら、私はつまらないことに執着せずに、あっけらかんと笑って生きたいと思います。皆さんは、いかがですか？

笑っても一日、
泣いても一日。
だったら笑って過ごしたい。

つまらないことに固執せず、
カラリと生きている人は
年齢を重ねても輝いている。

宇野千代さん、瀬戸内寂聴さんの生き方が好き

「私、何だか死なないような気がするんですよ」

これは、宇野千代さんが残した有名な言葉で、本のタイトルにもなっています。

宇野千代さんは生前、瀬戸内 寂聴《じゃくちょう》さんと親交が深く、おふたりは長年にわたって年に一度、対談をされていたそうです。「宇野先生、また来年も対談をしましょう。お元気でいらしてくださいね」。高齢になると、年下の瀬戸内さんがそう声をかけるようになった。「そうね、きっと私来年も元気であなたに会えるわ」。そんなやりとりが幾度となく続き、ある年、宇野さんの口から飛び出したのが、「寂聴ちゃん、私死なないような気がするわ」という言葉だったとか。その半年後に宇野千代さんは九十八歳で大往生しました。

『色ざんげ』『おはん』『生きて行く私』などの代表作をもち、野間文芸賞、女流文学賞など数々の賞を受賞。小説家としてだけではなく、日本初のファッション誌の創刊、着物のデザインでも知られる宇野千代さんは、二歳のときに母親を結核で亡くし、十四歳でお嫁入り。尾崎士郎、東郷青児《せいじ》、北原武夫など、多くの著名人との恋愛、結婚遍歴をもち、多額の借金を負いながらも生涯に十三軒も家を建てたというバイタリティ溢《あふ》れる女性で、最近では〝肉食系女子の走り〟などと言われているようです。

同じく作家として、『夏の終り』『花に問え』『場所』などこれまでに四百冊を超える本を世に送り出し、近年は源氏物語の現代語訳でも知られる瀬戸内寂聴さんも、やはり肉食系かもしれません。二十一歳で結婚したのち夫の教え子と恋に落ち、夫と三歳の長女を残して家を出ます。のちに瀬戸内晴美の名で数多くの小説を書いて人気作家になるものの、一九七三年、五十一歳で出家して法名・瀬戸内寂聴になったことはあまりにも有名です。

宇野千代さんも、瀬戸内寂聴さんも私の大好きな作家で、三十代、四十代の頃は宇野さんの小説をよく読みました。おふたりとも、まさに波乱万丈の人生を送られている方ですが、年齢を重ねても人生の疲れなどみじんも見せず、むしろさっぱりとした軽やかな表情をされています。

このような生き方は、到底真似できない部分もありますが、「わが道を行く」という筋の通った生き方は私、すごく好きです。単に破天荒なだけでは、ここまで人々に支持されることはなかったでしょう。自己責任が伴うからこそ言葉に説得力があり、どこか突き抜けた明るさがあるのも心地よいのです。

そして美肌師として、おのずと私の目がいくのが宇野千代さんの白い肌です。実は宇野さん、自分の浅黒い肌が嫌で、「白くなりますように」と念じながら日に数回、お湯を沸かしてスチームを顔に当てて、執念であの美肌を手に入れたそうです。生き方もさることながら、肌も人まかせにするのではなく、自ら「美」を引き出すパワーをおもちの方だったのでしょう。

自己責任を伴う破天荒さには、
一種の説得力がある。

波乱万丈な人生でも、
自ら切り拓《ひら》いたものであれば、
それは美しく、人の心を打つものである。

ピンと来たら、念じて引き寄せる

最近、ちょっとお気に入りのものがあります。

それは、アメリカ生まれのリーディンググラス、つまり老眼鏡です。レンズとレンズの間のちょうど鼻に当たる部分がマグネットになっていて、カチッと簡単に外れるのです。ツルの部分は頭の後ろまでぐるりとひとつながりになっているから、真ん中で外したら首から提げておくことができます。

このユニークな眼鏡を知るきっかけになったのは、俳優の火野正平さんが自転車で全国を旅する某テレビ番組です。火野さんが使っていた前開きの眼鏡を見た私は、「わー、これいい。欲しい！」とひと目惚《ぼ》れ。テレビ局に問い合わせようと思っていたら、たまたま知り合いが同じものをかけていたのです。すかさず、

「これ探してたの！　どこで買ったの？」と聞くと、インターネットで販売しているると教えてくれました。

さっそくその方にお願いして、自宅用と仕事用にと色違いでふたつ買ってもらいました。軽くてデザインもおしゃれだし、何よりも将来の〝蕎麦巡礼〟にピッタリだと思います。クルマを運転している最中、いらなければカチッと外して首にかけておけたら便利でしょう？

また、別のテレビ番組では、脱サラをした神戸の方が、長野県に移り住んで果物のプルーンを作っているという映像が流れていました。

愛情いっぱいに育てられたプルーンは見るからにジューシーで、プルーン好きの私は居ても立ってもいられなくなり、すぐ生産者に問い合わせました。「ぜひ、お取り寄せさせてください」と。すると、「今年の分は予約でいっぱいです」とあっさり断られてしまいました。でも、そこで諦める人間ではないのです、私。

「そうですか、それは残念です。でもどうしても食べたいんです。キズがついてても、腐ってても何でもいいから送っていただけませんか」。食い下がる私に、困惑している様子が受話器から伝わってきます。

しばらくして、「では、ハネたものでもいいですか?」。商品にはならない、いわゆる〝規格外〟のものが少し残っていたようなのです。「いいです、いいです。ぜひ送ってください」と言った私のもとに、念願のプルーンが届きました。それは、今まで食べたどのプルーンとも味が違う、大きさが違う、包装が違います。まさに絶品のプルーンでした。すぐさま、来年分の予約を入れたことも付け加えておきます。


ただ漠然と「あれいいなぁ」「欲しいな」と思っていても、ものは自分からやってきません。

だから私は念じるのです、「絶対に手に入る」と。

そして、それを手にしている自分をリアルに想像するのです。前開きの眼鏡をかけてクルマを運転している自分、絶品のプルーンを頬張っている自分……。するど、念は通じるんですね、不思議とそれが私のもとへ引き寄せられてくるのです。だからイメージすることは、とても大事だと思います。

そして私の場合、蕎麦巡礼という夢があるからこそ、「そのためには、こういう眼鏡があるといいわね」とか「せっかくだから全国のお寺さんの勉強もしておこうかしら」などと、興味が無限に広がり、いろいろな情報をキャッチしようという気になるのです。

そんなわけで、もちろん今日も、お気に入りのリーディンググラスをしっかりとつけています。

リアルに想像することで、求めるものが寄ってくる。

諦めた瞬間にチャンスは喪失する。
本当に必要ならば、
それを手にする自分を想像し、粘り強くアタックするべき。

人との比較が不幸の始まり

昔から私は、人とつるむということが得意ではありません。

とくに化粧品業界で働き始めてから、女性同士の「ここだけの話」が思わぬトラブルに発展するのを嫌というほど見てきたので、あえて一匹狼を貫き通しました。お酒は苦手なので基本的に飲み会には参加しませんし、社内で歓迎会のようなものがあれば、一次会だけ出て「あとは、これで楽しみなさい」と、部下に渡すものだけ渡して帰る。

人とつるんで相談に乗ってもらったりすると、何かあったときに「あの人がこう言ったから」などと、必ず人のせいにしたくなるのです。そうなるのも、それを見るのも嫌だから、私は何かがあったとき、成長するために相談するなら、もっぱら異業種で年の離れた異性と決めています。この関係ならなれ合いにならず、相手は違った視点で物事を見るから自分自身の刺激にもなります。

さて、私はこれまでに幾度となく雑誌やラジオの「お悩み相談コーナー」で、回答をさせていただきました。

美容の悩みで多く寄せられるのが、「テレビでこう言っていましたが、どうですか？」「皮膚科でこれがいいと言われたのですが……」といった類《たぐい》です。「で、やってみたの？」と聞くと、「いえ、やってません」という答えが返ってきて、気が抜けてしまいます。「やってみてこうなりました。ほかに方法はありますか？」という質問ならお教えできるのですが、ただ「どうですか」では、こちらも答えようがありません。最終的には、「あなたはどうしたいの？」ということなのです。

そして、もうひとつの定番がこれです。「夫が家事を手伝ってくれない」「子供が勉強をしてくれない」「姑が話を聞いてくれない」……。いわゆる〝くれない族〟ですね。こういうものは、「お隣のご主人はこうなのに」「○○さんの子は優秀なのに」という〝人との比較〟から出る言葉なのです。

日本人は行動の同一性を重視するといいます。ですから、人と同じでないと不安になるのでしょう。けれども、他人の目を過剰に気にすることで、悩みを深くしている人が実はとても多いのです。ストレスを溜めないための秘訣は三つです。

①人と自分を比較しない
②他人に過剰な期待をしない
③人の言葉に流されない

これを習慣づけると、生きるのがとても楽になります。そして、ひとりで行動し、自分のやりたいことをやっていればグチも出てこないし、いいことも悪いことも全部自分に跳ね返ってきます。これは精神衛生上、ものすごくいいことです。わざわざ人と比較して　自分をみじめにすることはないでしょう?

「いい年をしてそんなものを着て……」などと、ときどき身内に言われる私ですが、心の中では「人のことは放っとけ」と思っています。何をしようと何を着ようと、どこに行って何を食べようと、好きなように生きるのが私の健康法だからいいじゃない、と開き直っています。

「こうすれば、ああ言われるだろう……。こんなくだらない感情のせいで、どれだけの人がやりたいこともできずに死んでいくのだろう」。これはジョン・レノンの言葉です。まさに、人に振り回されるのはチャンスの喪失です。私はやりたいこともできずに死にたくありません。だからますます、マイウェイを突き進んで行くつもりです。

ストレスを溜めたくなければ
人と自分を比較しない、
他人に過剰な期待をしない、
人の言葉に流されない。

ひとりで行動し、自分のやりたいことをやっていれば、
グチも出てこない。精神衛生的にも非常によい。

第二章

死ぬまで肌は活性化する

どうして年齢を隠すの？

先日、街を歩いていたら、おそらくフランス人の男性が道行く女性に「マダーム」と笑顔で呼びかけながら、レストランか何かのチラシを手渡していました。ぶしつけにチラシやティッシュを通行人に押し付ける光景を見慣れているせいか、私にはその男性の振る舞いがとてもエレガントに感じられました。

マダムというのはフランス語で、主に既婚女性や年長の女性に対して使われる呼称です。フランスでは、女性に話しかけるときにまず「マダム」と呼び、娘と分かったら「マドモアゼル」と言い直すそうです。つまり、大人の女性に対して、若い女性に対する呼称を使うのは失礼にあたるということです。

日本では逆です。年を重ねた女性にもまずは「おねえさん」と呼ぶよう、なぜか子供の頃からしつけられています。女性も女性で、年齢を聞かれると「えー、いくつに見える？」などとはぐらかすのです。

若さが美徳という文化が根付いているこの国では、老けて見られてはいけないという強迫観念を女性に抱かせ、ゆえにテレビコマーシャルや新聞、雑誌では、さかんに「アンチエイジング」という言葉が使われています。

アンチエイジングとは、「年齢に抗《あらが》う」ということです。これまであちこちで唱えてきましたが、私はこの言葉が大嫌い。アンチ・アンチエイジングです。

家事や子育て、そして仕事にと、数々の山を自力で乗り越えてきた四十代、五十代。これからようやくひとりの女性として、自分らしく楽しく暮らせるのに、なぜ年齢に抗わなければならないのでしょう。本来なら「グッドエイジング」「ビューティーエイジング」ではないですか。

かつては、「三十歳を過ぎたら女優もおしまい。隣のオバサンの役しか来ない」などと言われていました。しかし今は、四十代、五十代の女優さんも皆さんきれいです。そして、年齢を隠す人もぐっと減りました。

かくいう私も年齢を隠したことがありません。「美容関係の方で年齢を隠さないのは珍しいですね」とよく言われるのですが、私にしてみれば「何のために隠すの？」という感じです。二十代のときは三十代に、三十代のときは四十代に早くなりたいと思っていました。ケリーバッグや真っ赤な口紅が似合う〝大人の女性〟に私はずっと憧れていたのです。

二〇〇四年、『美肌革命』という私の代表作にもなった本を出版する際、真っ赤なクリスチャン・ディオールのジャケットを着て私は表紙の撮影に臨みました。これは、六十歳になったら赤いちゃんちゃんこの代わりに着ようと思い、五十七歳のときに自分へのプレゼントにと奮発したものです。

まさかこのような形でお披露目するとは夢にも思いませんでしたが、「ディオールのジャケットを堂々と着こなすことができる六十歳」を目指して、私はずっと走り続けてきたのです。

年齢に抗う必要はない。
四十代、五十代から
女の人生は楽しくなる。

妊娠、出産、子育てを終え、
ようやく自分らしく生きられる年齢を
グッドエイジング、
ビューティーエイジングの精神で進みたい。

六十過ぎたらシワがあって当たり前

五十過ぎれば、勉強ができた人もできない人も皆一緒。六十過ぎれば、美人だった人も不美人だった人も皆一緒。七十過ぎれば、結婚していてもしていなくても皆一緒。八十過ぎれば、お金はあってもなくても皆一緒。九十過ぎれば、あの世もこの世も皆一緒。――これは最近気に入っていて、講演会でよくお伝えしている言葉です。

「わー、チズさんの肌、もちもち！」「お豆腐みたい。触らせてください」。イベント会場などで、ときどきそのような声をかけられます。その後に、「一体どんなことをされているの？」といわんばかりに私の肌を念入りに観察される方もいますが、私は正真正銘、スキンケア以外のことは何もしていません。

いわゆる切ったり貼ったりという〝お直し〟にはまったく興味がないのです。何しろ痛いのが苦手だし、定期的にメンテナンスに行くのも面倒。そもそも、六十歳になってシミやシワがあるのは当たり前ではないですか。「目尻のシワが……」などとクヨクヨしているほうが不自然です。年を重ねてシワが一本もなくて、ツルンとした顔をしていたらそれこそロボットですよ。

私の肌にもシミやシワ、たるみがあります。夫を亡くして泣き暮らしていたときの名残で、よく見ると目の下にはうっすらとドレープのような痕跡が残っています。「これさえなければ……」と思わなくもないけれど、あの〝肌地獄〟を乗り越えて美容業界に舞い戻り、がむしゃらに働いてきたからこそ今の自分があるのだと思うと、ドレープさえも愛《いと》おしく感じられるのです。

顔に出てくるものは、すべて自分がしてきたことです。

まさに六十歳を過ぎたら、その人がどんな人生を歩んできたかが肝心で、表面上の美醜は大きな意味をもたないと私は思います。

話は変わりますが、先日ウィッグの試着をする機会がありました。私は二十代の頃から白髪が多かったので、ファッション評論家の大内順子さんのような黒髪のオカッパにずっと憧れていたのです。だから長年の夢を叶えるべく、ウキウキしながらそのタイプのウィッグを被ってみました。

でも、まったく似合わなかった……。やはり〝年相応〟というものがあるのです。二十代の私だったら、黒髪のオカッパが似合ったかもしれません。

それでも、一時間余りのウィッグの試着はなかなか楽しいものでした。その間だけでも、私は見たことのない自分になることができ、髪型でこんなにも印象が変わるのかと、改めて認識することができたから。そして最後は、「やっぱり私には、今の髪がしっくりくるわ」と、何だか妙に納得してしまったのです。

顔に出てくるものは、
すべて自分がしてきたこと。

六十歳を過ぎたら、
その人がどんな人生を歩んできたかが肝心で、
表面上の美醜は大きな意味をもたない。

「美容＝何をつけるか」ではない

「それで、何をつければいいんですか？」。肌の悩みを抱えている女性は、必ずといっていいほどこの質問をします。何か特別なものを塗らないと肌はきれいにならないと信じているのでしょう。確かに保湿や紫外線対策といった、基本的なスキンケアはいくつになっても大切だと思います。けれども私は、きれいになりたいという人に対して、「これを塗りなさい」と唱えたことはありません。

かつて『徹子の部屋』に出演させていただいたとき、黒柳徹子さんに美肌の秘訣を聞かれた私はこうお答えしました。「一番大切なのは、食べることです」。黒柳さんはいささか拍子抜けしたかもしれません。けれども実際に私は「きれいになりたければ、きちんと食べなさい」と女性たちに伝え続けてきたのです。

高価なクリームを塗っても、お金をかけてエステに通っても、体の中が健康でなければきれいにはなれません。なぜなら、あなたの肌を作っているのは、あなたが食べたものですから。

とりわけ六十歳からの美容で大事なのは、健康であることです。健康であれば、体がよく動くから血行もよくなり、ストレスも溜まりにくくなります。そして自然に笑みがこぼれてくるものです。

かたや健康でないと、後ろ向きな気持ちになってくる、よく眠れない、見た目もくたびれた感じになってくるのです。私の恩師である美容家の牛山喜久子先生もおっしゃっていました。「健康法＝美容法」だと。だからまずは、健康の基本として体に必要なものをきちんと食べていただきたいと思います。

お化粧をしてきれいになるというのは、ある意味で誰にでもできることです。けれども、いくら表面を彩っても、そこに生命力のようなものがなければ〝ハリボテ〟になってしまいます。きちんと食べ、よく寝て、よく動き、よく笑う。細かいことは気にしない。結局、こういう当たり前のことを普通に続けている人は、何だか肌もピンピンしているのです。おそらく細胞のひとつひとつが元気なのではないでしょうか。

そして、肌がピンピンしているから、シワやシミが気にならないのです。そばでまじまじと顔を見て、「こんなにシワがあったの？」と初めて気づくぐらいです。「うなはたけ」――これは、「うるおい・なめらかさ・はり・だんりょく・けっしょく」の頭文字をとったもので、私はこれを『美肌の五条件』と呼んでいます。六十歳からは、ぜひ「心のうなはたけ」も意識してみてください。

うるおいのある心、なめらかな心、ハリのある心……こういう精神で生きれば、肌はしぼんだり枯れたりしません。肌は自分で育てるものであって、化粧品があなたをきれいにしてくれるのではないのです。

ぜひ、当たり前の健康法をバカにせずに実践してみてください。最小限の化粧品で、充分にあなたの中の〝きれい〟を引き出すことができますよ。

健康法＝美容法。
体が健やかでなければ、
きれいになれない。

高いクリームをつけることよりも、体に必要なものをきちんと食べること。これが「美の原点」である。

NGワードは「どうせ」

ラジオのパーソナリティをしている男性から聞いた話です。その方は、ご自分のラジオ番組の収録には、必ずメイクをして行くのだとか。テレビ出演ならまだしも、ラジオ出演なのに、なぜ顔を整えて行くのでしょうか。

それは、「メイクをすると、自分のテンションが変わるから」だそうです。

これとよく似た例として、私が思ういい女の定義をご紹介しましょう。それは、「いい女は下着に手を抜かない」というものです。下着は周囲の人には見えないけれど、お気に入りの素敵な下着をつけているときと、間に合わせの下着のときでは、明らかにその女性のオーラのようなものが違ってくるはずです。

しかし、悲しいかな年齢を重ねると、自分のために手をかけるということが面倒になってくるのです。すると出てくるのが、「どうせ年だから」「どうせオバサンだから」「どうせ誰も見てないわよ」といった〝どうせ〟言葉。謙遜《けんそん》を込めて言っているのかもしれませんが、ふだん口にする言葉は自分を洗脳しますから、「どうせ」が口癖になると、すべてがどうでもよくなってくるものです。そうして口角が下がり、体もたるみ、動きも緩慢になって年寄り然としてきます。だから、きれいになりたければ、まず「どうせ」をやめましょう。

「六十歳を過ぎたら、何かを塗るよりもまず健康であることが大事」。そう私はお伝えしました。だからといって、まったく肌に構わなくていいと言っているわけではありません。ただ、人にアピールするためや、年齢を隠すためのメイクやスキンケアではなく、冒頭のパーソナリティの方のように、自分を鼓舞するような美容であってほしいということです。

私の場合、決して派手なメイクはしませんが、ちょっと華やかな席に出向いたり、ステージに上がるようなときは、〝つけまつげ〟を使います。これだけで自分の気分がぐっと上がるし、遠くから私を見てくださる方にも顔の印象が伝わりやすくなるからです。

最近は若い女性がつけまつげやエクステンションで目元を強調していますが、ただでさえエネルギーに満ちている十代、二十代でまつげまで盛ってしまうと、暑苦しい印象を与えてしまうことにもなりかねません。一方、年を重ねれば肌がマットになり、まつげも寂しくなってきますから、実は大人の女性ほどつけまつげが顔のアクセントとして〝効く〟のです。

以前、七十七歳にして現役で芸妓をされている方のドキュメンタリー番組を見ましたが、目尻にだけちょこんとつけまつげをつけており、うつむいたときに何とも言えないニュアンスが生まれて本当にチャーミングでした。

「では、皆さん鏡を出して」。美肌セミナーなどで私がこう言うと、結構いるの本書をお買い上げいただき、誠にありがとうございました。
質問にお答えいただけたら幸いです。

◎ご購入いただいた本のタイトルをご記入ください。

『　　　　　　　　　　　　　　　　　　　　　　　　　　　』

★著者へのメッセージ、または本書のご感想をお書きください。

●本書をお求めになった動機は？
①著者が好きだから　②タイトルにひかれて　③テーマにひかれて
④カバーにひかれて　⑤帯のコピーにひかれて　⑥新聞で見て
⑦インターネットで知って　⑧売れてるから／話題だから
⑨役に立ちそうだから

生年月日	西暦　　年　　月　　日（　　歳）男・女			
ご職業	①学生	②教員・研究職	③公務員	④農林漁業
	⑤専門・技術職	⑥自由業	⑦自営業	⑧会社役員
	⑨会社員	⑩専業主夫・主婦	⑪パート・アルバイト	
	⑫無職	⑬その他（　　　　　）		

このハガキは差出有効期間を過ぎても料金受取人払でお送りいただけます。

ご記入いただきました個人情報については、許可なく他の目的で使用することはありません。ご協力ありがとうございました。

郵便はがき

料金受取人払郵便

代々木局承認

6948

差出有効期間
2020年11月9日
まで

1518790

203

東京都渋谷区千駄ヶ谷 4-9-7

(株) 幻冬舎

書籍編集部宛

1518790203

ご住所 〒 都・道 府・県	
	フリガナ お名前
メール	
インターネットでも回答を受け付けております http://www.gentosha.co.jp/e/	

裏面のご感想を広告等、書籍の PR に使わせていただく場合がございます。

幻冬舎より、著者に関する新しいお知らせ・小社および関連会社、広告主からのご案内を送付することがあります。不要の場合は右の欄にレ印をご記入ください。 不要 □

です、鏡をもっていない方が。もうその精神がダメ、オンナを諦めています。その後、「ローションパックやってますか？」と聞くと、「明日からやりまーす」という答えが返ってきます。それも、ダメ。明日からではなく今日から始めましょう。ダイエットと一緒で、「明日から始めるから、今日は食べておこう」という人は、いつまでたっても始めません。

せっかく生きるのなら楽しく生きたい、夢見て生きたい、そしてきれいでいたいではないですか。「きれいにしても見せる人がいない」「行くところがない」という人は、心が老けてしまっています。きれいになれば人に会いたくなる、おしゃれをしたくなる、どこかに出かけたくなるものです。だからまずは、〝自分のため〟にきれいになりましょう。

すべてを面倒にする「どうせ」という口癖をやめよう。

よく使う言葉は自分をコントロールする。
「どうせ年だから」「どうせ誰も見てないから」をやめ、
自分を慈しむ努力を。

「似合う色」は変わる

長年にわたり、美容業界でたくさんのお客様と接してきた経験から気がついたことがあります。三十代、四十代になっても、二十代の頃と同じメイクをしている女性がとても多いのです。

女性は無意識のうちに、一番モテていたときの自分の姿を追っていて、「私に似合う色はこれ」と決め込んでしまいがちです。現に街を歩いていても、何十年も前に流行《はや》った口紅を平気で塗っている女性がいて、驚かされることがあります。

年齢とともに私たちの肌の色は変わるし、面立《おもだ》ちや全体の雰囲気も変わります。よくも悪くも〝変化〟するのですから、それに合わせて似合う色や形が変わるのもごく当然のことだと思います。

洋服でいえば、私の場合四十代は白いスーツも着たし、プリントのブラウスも買っていました。けれども五十代になるとそれらは似合わなくなり、紺色が一番しっくりとくるように感じました。そして六十代に入ると、黒を多く着るようになりました。

七十代に入った今も黒はよく着ますが、黒い服を選ぶ最大の理由は、お客様よりも目立たないようにするためです。しかし、黒というのは人混《ご》みの中ではかえって際立つ色でもあるのです。そして、喪服を着た女性が美しいのは、「黒一色」という色調が肌を白く際立たせるからで、肌を白く見せたければ、反対色である黒を選べばよいのです。

そうはいっても、ふだん黒一色だと、それこそ「お葬式ファッション」になってしまいます。だから、私の場合はちょこっと胸元にピンブローチをつけたり、フレアスカートにしてみたり、タックの入ったブラウスにしてみたりといった〝ひと工夫〟を加えています。

そして色といえばよく人から聞かれるのが、私の紫色の髪です。「どうして紫なんですか?」「どこで染めていらっしゃるの?」など、皆さん興味をもってくださるのですが、この紫にいたるまでには紆余曲折があるのです。

二十代の頃から白髪が多かった私は、当初月に二回白髪を染めていたのですが、染めても染めてもハチマキを巻いたように生え際に白いものが現れ、まさにイタチごっこでした。そんな折、夫の転勤でアメリカのカリフォルニア州に移り住んだのですが、向こうでは白髪を染めている人などいませんでした。肌の色も髪の色もさまざまです。

日本では頭をジロジロと見られたり、電車の中で「お母さん、外国人がいるよ」と子供に指を差されたこともあります。しかしアメリカでは、私の若白髪をしげしげと眺める人はいません。「そうか、肌も髪も人と違って当たり前なんだ」。そう気づいてから、白髪を黒く染めるのはやめました。

ただ、白髪は放っておくと黄ばんでくるのです。だから、不潔っぽくならないよう、アメリカで〝カラーリンス〟を大量に買い込んで、いろいろなカラーを試してみました。グレーは老けて見えるし、濃色だと地肌の白さが目立ってしまう。結果、肌にも自然になじみ、一番しっくりきたのが紫色だったのです。

私は二十七、八歳でヘアダイはやめて、それ以来カラーリンス一筋です。今は月に一回、紫のカラーリンスで、バスタイムに自分で色を入れています。

そして髪型は、かつてはシニヨンにしていた時期もありましたが、今それをやったら本当のおばあさんになってしまいます。老けて見られるからというよりも、不本意な髪型をしていると自分が気持ち悪いではないですか。今は自分自身が納得した髪の色とカットだから、周りの方も「チズさんの髪、いいわね」と言ってくださるのだと思います。

何を着たいかではなく、
何が似合うか、
自分をどう見せたいかを考える。

年齢とともに肌の色や面立ちは変わる。
変化を受け入れて、柔軟におしゃれを楽しみたい。

心がけるべきは「清潔感」

どんなに立派な家でも、築六十年ともなればあちこちが傷んで壁も薄汚れてきます。人間だって長く生きていれば、ほころびやくすみが出てきて、うっかりすると不潔っぽくなってしまうものです。それを少しでもカバーするよう、年を重ねたらこれまで以上に〝清潔感〟ということを意識したいと思います。

縮れ毛だった私の夫は、毎朝四十分かけてヘアセットをして、ひげは二度剃りしていました。靴はピカピカ、ズボンの線もきっちり、まるで映画俳優のように全身をビシッと決めて玄関に立ちます。仕上げに私がゲランの『アビ・ルージュ』というコロンをちょんちょんとつけたハンカチを夫のポケットに入れて送り出すというのが、朝のセレモニーでした。特別なブランド品を纏《まと》うわけではないけれど、髪やひげをきちんと整えて、清潔感のあるものを身につけていると、スカッとして年齢など感じさせないものです。

男性でも女性でも、そのような爽快な人を見ると、私は「イカしてる」と思います。たとえお年を召していても、その方から加齢臭が出ているようには見えないではないですか。

ちなみに、加齢臭というのは何もオジサマだけの特権ではありません。女性にもあてはまるもので、とりわけ注意したいのが口臭です。胃の老化、歯茎の劣化、唾液の減少など、口臭の原因はさまざまです。私は口臭予防として歯磨きガムを噛《か》んだり、マウスウォッシュ（洗口液）でうがいをしたりしています。

そして夜の歯磨きはペーストを使わずに、ブラッシングと歯間ブラシですみずみまでお掃除します。さらに、ときどき歯茎にあら塩をつけてマッサージをするのです。口内のケアをしっかりとしていれば自分自身が気持ちいいし、歯の病気予防にもなります。そして何よりも人と堂々とお話しすることができます。

また、清潔感ということでいえば、体の中の「白い部分」をぜひ意識してみてください。「魚は目を見て買え」というように、〝白目〟というのは生き物の鮮度が顕著に表れる部分です。その証拠に、赤ちゃんの目は真っ白で澄んでいます。一方、目が疲れていたり、睡眠不足のときは目が充血しやすく、年齢を重ねると白目が黄色っぽく濁ってくるものです。

最近は〝デカ目メイク〟ブームによる過剰なアイメイクによって、若い女性も白目が汚れていると聞いたことがあります。自然な加齢現象は仕方がありませんが、私は少しでも目をきれいに保つため、クレンジングでメイクを落としたあとは、必ず精製水で目の中もケアするようにしています。

歯もしかり、目もしかり。本来白い部分が純白に近い状態に保たれていると、清潔感は一気にアップします。逆に歯や目が黄ばんでいると、全体的にトーンダウンして見えるものです。フレッシュな女性であり続けるために、三十歳を過ぎたらぜひ意識して「清潔」を心がけることをお勧めします。

体の「白い部分」をくすませない。これを意識するだけでフレッシュ感が違ってくる。

白目や歯が黄ばんでいると、全体的にトーンダウンして見えるもの。目と口の中はとくにきれいにしておきたい。

立ち方、歩き方に年齢が出る

二〇〇六年に公開されたアメリカ映画、『プラダを着た悪魔』を最近ＤＶＤで観て、ひさしぶりに興奮しました。

メリル・ストリープ演じる女性編集長・ミランダのカッコいいこと。パンツスーツ、ファーコート、ニット、パーティドレス……、映画の中でミランダはさまざまなファッションを披露するのですが、真っ黒なドレスも柄物のコートも難なく着こなしてしまいます。それは服のパワーもさることながら、彼女自身のたたずまいがビシッとしていて美しいからでしょう。この映画の撮影時、メリル・ストリープは五十六歳という年齢ですが、ほどよくシェイプされたボディには洗練と知性が漂っていました。

そして、この映画を観て私はつくづく思ったのです、服を選ぶ上で大切なのはシルエットだと。

つまり、花柄を着るから、ネズミ色を着るからオバサンくさいというのではなく、体形を隠そうとしてずん胴のワンピースを選んだり、中途半端な丈のスカートを選ぶから、オバサンくさくなるのです。本気でおしゃれをしたいなら、プラダを着たいなら、体もプラダ仕様にしなければなりません。

きれいになりたい、若く見られたいと思うと、どうしても顔に目がいきます。でも、顔から入るからおかしなことになるのではないでしょうか。お金や時間をかけて、たとえ顔が三十代になったとしても、体が六十代では見る人に違和感を抱かせます。

そもそも私たちは、何をもって相手の印象を決めていると思いますか？　おそらく、体つき、立ち方、歩き方、振る舞いといった、まず目に飛び込んでくる全体像から、年齢や人となりをキャッチしているはずです。少なくとも、顔というエリアを重点的に見ることはないでしょう。

感性アナリストの黒川伊保子さんは『恋愛脳』（新潮文庫）という本で「男は、美人も空間で認識する。女の存在空間の中での、佇まいのような美しさのようなもので、彼女を美しいと思うのである。（中略）したがって、艶のある髪と、ふっくらした唇と、すっきりした歩き方の三点観測くらいで、この女をたいへんな美女だと思いこむ」と記しています。

確かに美人といわれる人は、後ろから見ても美のオーラが出ているものです。自分が思っているよりもはるかに、人は〝引き〟で相手を見ているということでしょう。

私はずんぐりとした自分の体にずっとコンプレックスを抱いていました。そして、ウエストや足首がきゅっと締まり、膝小僧の骨がきれいに盛り上がったスーパーモデルのような体形に憧れて、あらゆることをしてきました。補整下着をつけたり、足首に腕用のサポーターをつけたり……。ヒップアップ体操や加圧トレーニングは今も続けています。

顔かたちはそう簡単に変えられませんが、ボディは手をかけた分だけ変わるから面白い。そして、シェイプされたボディで背筋を伸ばして颯爽《さっそう》と歩けば、それだけで美のオーラは倍増します。ボディラインに自信がつけば、いくつになってもおしゃれが楽しめるのです。

どうぞ小さな手鏡の世界にとらわれず、全身鏡をこまめに見てください。他人目線で自分をチェックしてみてください。これこそが、美への近道だと気づくはずです。

手鏡の世界にとらわれず、
他人目線で全身をチェックする。
これが美人への近道。

顔から入るからおかしなことになる。
背筋を伸ばして颯爽と歩けば、
美のオーラは倍増する。

母が最後に教えてくれたこと

　ガーデニングが好きで朝から庭いじりをしていた母の顔は、一年中真っ黒で、頬には無数のそばかすがありました。それを間近で見ていた私は、「お母さんみたいにはなりたくない」と、中学生の頃から肌のお手入れを始めたのです。遺伝なのでしょうか、私の顔にもしっかりとそばかすが鎮座していました。

　当時、ドリス・デイというアメリカの女優さんが日本でも人気を博しており、彼女はそばかすだらけの庶民派として売り出していました。その影響もあってか、年頃の私に向かってひやかし半分に「そばかす美人」と言う人も少なくなかったのです。そのたびに私は「美人はうれしいけど、〝そばかす〟は余計。ただの美人と呼ばれたい……」と思い、ますますお手入れに熱が入ります。そうはいっても、大した化粧品もない時代の中学生がすること。お湯に浸して絞った手ぬぐいと、水で濡らした手ぬぐいを交互に顔に当てて肌を活性化させるという、いわゆる自己流の〝温冷ケア〟がお手入れのメインです。また、同じ頃、かのオードリー・ヘプバーンの透き通るような肌とパッチリとした目に魅《み》せられた私は、「私もオードリー肌になる！」と、十三歳にして太陽と決別しました。

子供の頃は日が暮れるまで男の子と一緒になって野山を駆け回っていた私ですが、美に目覚めた中学生になると、スポーツはソフトボールから卓球へ転向しました。中学、高校時代といえばまさに遊び盛り。友達が家族や仲間たちと海水浴やハイキングへ出かけるのを横目に、私はひとり、映画館にこもって洋画を観たり、本を読んだりしている少し変わった女の子だったのです。

今でこそ、「肌老化の七割は紫外線が原因」などと言われていますが、当時そのような情報はありません。でも、私は母の姿を見て本能的に「太陽に当たり過ぎるのは肌によくない」と察知していたのです。

結果的に八年ほどかかりましたが、毎日のお手入れと徹底した〝日よけ作戦〟によって、私の顔からそばかすは消え去りました。

さて、その母は晩年に食道ガンを患うと、室内で静かに過ごすようになりました。すると、あの黒かった肌がどんどん白くなっていったのです。「お母さんって、こんなに肌がきれいだったの？」と、娘の私が驚くほどでした。

看病中に私が母にしてあげたお手入れといえば、ホットタオルを顔に当てたり、頬が乾燥したらオロナインを水に混ぜ、少し塗る程度です。当時、母は八十歳を過ぎていましたが、それでもシンプルなお手入れだけで肌は確実に透明感を増していく……。思わず私は心の中でこう叫びました。「八十歳になっても、ガンになっても、肌はちゃんと生きている。人間の体ってすごい！」と。

母は、私がクリスチャン・ディオールを定年退職した二〇〇三年、八十四歳で大往生しました。そして、「死ぬまで肌は活性化している」ということを、最後に身をもって私に教えてくれたのです。

八十歳になっても、
ガンになっても
肌はちゃんと生きている。

シンプルなお手入れをコツコツと続けていれば、
肌は何歳になっても再生する。
肌をしぼませるのは「諦め」。

第三章

六十歳からの暮らし方

五十七歳で大借金をして理想の住まい

五十歳を過ぎた頃から、「心からくつろげる家をもちたい」と思うようになりました。私はほとんど趣味といってよいほど、住宅展示場のモデルルームをよく見て歩いていたので、理想の暮らしのイメージはかなり具体的に出来上がっていたのです。

できれば目の前に水辺の風景が広がるところで、大きな窓から陽がさんさんと射し込んで冬でも暖かいリビング。そして、大好きなカエルの置物やお気に入りの花に囲まれて、休日はひとりでのんびりと一日を過ごす――。憧れはそんな住まいでした。

当時は出張が多かったので、東京駅と羽田空港までは電車で三十分以内、そして仕事場から自宅までタクシーで三千円以内というのも、家を選ぶ上での条件にしていました。

ある日、旧知のお客様が「うちのマンション、一部屋空いたみたい。私たちが入居したときよりも安くなっているから、あなた買いなさいよ」と声をかけてくれました。その方のマンションには何度かおじゃましたことがあり、つねづね「素敵なところだなぁ」と思っていたのです。でも、まさか自分がそこに住めるとは思ってもいませんでした。しかも、安くなっているとはいえ、いわゆる〝億ション〟です。

でも、見るだけならタダです。ものは試しと二十階の売物件をふたりで見学に行きました。

部屋に足を踏み入れた瞬間、思わず私は息をのみました。リビングの窓いっぱいに東京湾の景色が広がっています。そして、羽田空港へ離着陸する飛行機が、澄んだ青空を気持ちよさそうに駆けて行くのが一望できました。ホテル仕様の部屋は年間を通して空調で適温に保たれ、自分用とゲスト用にとトイレはふたつあります。独り身の私には、贅沢《ぜいたく》すぎる住まいです。

「うわぁー、素晴らしい！　でも、こんなの買えないわ。お金だって借りられないでしょう?」と思いましたが、念のために銀行に相談すると、ローンを組めるというのです。「え、銀行が貸してくれるって？　だったら買う！」。定年を三年後に控えた五十七歳のとき、私は六千五百万円の大借金をして自分の城を手に入れたのです。

これが思わぬ形で私の人生を変えることになりました。

定年が間近に迫った頃、ある美容本のスキンケア・お手入れ方法の監修を頼まれた私は、出版社の書籍担当の女性とお会いしました。

私はそれまで四十年近くにわたって女性の肌を見てきましたが、化粧品に振り回されて自らの肌をボロボロにする人がいかに多いかを目の当たりにしてきたのです。「定年退職を機に、これまでの経験から得た私なりの肌理論を一冊の本にまとめられないだろうか」と考えていた矢先だったので、目の前の彼女に、ざっくばらんに質問をしてみました。

「本ってどうやって出すんですか？」

私の話に興味をもってくれた彼女は、「企画、出してみましょうか」と言い、さっそく会社に戻って上司の方に私の話をしてくださったのです。

それから私にとって初めての著書、『佐伯チズの頼るな化粧品！』（講談社）が出るまでには、さほど時間はかかりませんでした。

二〇〇三年六月、私はクリスチャン・ディオールを定年退職し、七月には私の本が全国の書店に並びました。

この一冊がきっかけとなって、美肌師・佐伯チズとしての活動が始まったのです。これまでの経験をもとに、自分の言葉できれいの秘訣をお伝えすると、多くの女性が共感してくださいました。そのうちに全国各地から講演会やセミナーの依頼が次々と舞い込み、テレビやラジオからもお声がかかるようになったのです。

気がつくと、著書も四十冊を超えました。

さらに、お手入れ法だけではなく、「佐伯さんのライフスタイルも知りたい」ということで、雑誌社やテレビ局の方がしばしば自宅に来られては、室内のインテリアや私が使っている食器などを撮影していかれます。

もしも私がかつての賃貸アパートに住んでいたら、とても自宅にお招きすることはできなかったでしょう。

猪突猛進型の私は、ときどき道を踏み外してしまうことがあります。

けれども、前を向いて歩いていれば、必ずまた新しい道がひょっこりと現れるのです。億ションを買うときもそうでした。「いつか買おう」ではなく、「買ってから考えよう、買えば何とかなる」という精神で即決しました。これが結果的に自分を引き上げ、六十歳からの新しいステージを用意してくれたのだと私は信じています。

「いつか」ではなく、
「今」しよう。
道はあとからついてくる。

直感が働いたら、とりあえず動いてみよう。
少し背伸びすることが、
自分を引き上げるステップになることがある。

テレビを見るときはメモ帳持参で

意外に思われるかもしれませんが、家にいるときはよくテレビを見ています。ニュース番組からドキュメンタリー、歴史もの、歌番組に、韓流《ハン》ドラマ、バラエティまであらゆるものをその日の気分で見ていますが、ソファに腰かけてボケーッとテレビを眺めているということはまずありません。

たとえば韓流ドラマを見ているときは、登場人物が話す韓国語と字幕を照らし合わせて、「韓国語では〝ごめんなさい〟を〝ミアネヨ〟っていうんだ」などと、外国語の勉強もしています。また、時代劇を見れば、「この時代に縞《しま》の着物はないでしょう」などと、勝手に時代考証してみたり……。テレビを見ながら、ひとりでブツブツとしゃべっています。

また、目につく場所にメモ帳を置いておき、番組の中でピンとくる言葉や気になるお店、取り寄せたいお菓子などが出てきたら、その場でどんどんメモをしています。テレビのコメンテーターをしたり、大学で講義をさせていただいていることもあり、常にアンテナを張って新しい情報を仕入れておきたいのです。そうすれば、学生との会話の糸口にもなるではないですか。

美容学校を卒業し、二十一歳で就職した銀座・松屋デパート内の牛山喜久子美容室は、政界や財閥のマダムといったセレブリティが集まるサロンでした。お客様のお相手をするのはもっぱら店長、副店長クラスで、私たち新人の役目は主に使い走りでした。お客様と間近に接する美容の世界では、さまざまな年代、タイプのお客様に信用していただけるだけの素養を身につけなければなりません。

どんなに美容テクニックが素晴らしくても、黙って施術をしているだけではダメで、お客様との会話も大事なお仕事です。ですから、常日頃から雑学や流行を仕入れておかなければなりません。お客様に「今、これが流行っているでしょう？」と言われたときに、「そうですか」では話が終わってしまいますから。

そもそも私は、昔から漫然と何かをするというのが苦手で、家事でも仕事でも「もっといい方法はないかな？」と、考えるクセがあるのです。だから、テレビもムダには見ていない。「人生残り少ないんだから、テレビ見ながら寝転がっておせんべいなんて食べていられないわ」という感じです。

先日、日本橋のお蕎麦屋さんの店内に、「何ごとも腹八分目」「欲を出すと足が出る」などと、何やら格言を書き連ねた紙が貼られていました。どれもなるほどと思うことばかりです。しばらくして、お蕎麦をもって現れたお店のご主人に、「おじさん、これちょうだい」と言うと、「いいよ。こんなもん、くれと言われたのは初めてだな」と壁からはがしてくれました。

目を凝らせば、雑学のネタは街のあちこちに転がっています。そして、すっかり体に染みついた〝ネタ探し〟の習慣が、もしかしたらボケ防止になっているのではないかと、最近私は本気で思っています。

ムダにテレビを見ない。これだけでも立派なボケ防止になる。

常にアンテナを張って新しい情報を仕入れておけば、知識が増えて、人とのコミュニケーションも円滑になる。

四十肩、更年期、突発性難聴……。どれも丸ごと受け入れる

女性の人生における大きなターニングポイントとして、「更年期障害」というものがあります。これは、一般に閉経を挟んで四十代半ばから五十代半ばの約十年間、ホルモンバランスの乱れやストレスなどによって起きるもので、ほてりやのぼせ、頭痛、めまい、不眠、イライラなどの症状が出ます。

更年期障害は気づくと始まっていて、いつの間にか収まるといわれています。しかし、六十代、七十代になっても症状が続く人もいれば、初めからほとんど症状が見られない人、また、「忙しくて、気づかずに通り過ぎた」という人もいるようです。

更年期障害の発症の仕方は人それぞれで、なかなか他人に理解してもらえない

のも、女性にとってはつらいところです。

私の場合、三十三歳から動悸《どうき》が始まり、四十二歳で夫を亡くした直後に閉経しました。さらに、四十代の終わり頃に四十肩がやってきて、五十肩、六十肩と続きました。

突発性難聴とは、かれこれ十五年の付き合いになります。耳鼻科の先生に診ていただいても「原因不明で治療法はない」と言われるばかりなので、寄り添っていくしかないなと覚悟を決めました。

当たり前のことですが、年齢を重ねればさまざまな加齢現象が身に降りかかってきます。階段の上り下りで息が上がったり、何もないところでつまずいたり、昨日まで当たり前にできていたことができなくなる日も来るでしょう。

でも、そのたびにジタバタしても仕方がありません。私は自分の体の小さな変化をどこか愛しいと思うところがあり、更年期障害も五十肩も六十肩も、「ああ、私もそういう年齢になったのね」「人として来るべきものが来たんだわ」と受け入れて共存してきました。すると、いつしか気にならなくなるのです。
著作家・武道家であり、神戸女学院大学名誉教授である内田樹《たつる》さんが、合気道の師匠から聞いた話として、新聞のインタビューでこのようなことを語っていました。
『歯科医によると、世の中には「入れ歯が合う人」と「合わない人」がいるそうです。（中略）別に口蓋の形状に違いがあるわけではありません。自分の本来の歯があった時の感覚が「自然」で、それと違う状態は全部「不自然」だから嫌だという人は、何度やっても合わない。それに対して「歯がなくなった」という現実を涼しく受け入れた人は、「入れ歯」という新しい状況にも自然に適応できる――』（二〇一二年四月十五日・朝日新聞）
「事実はひとつ、解釈は無数」という言葉がありますが、同じ出来事でも、受け止め方によってプラスにもマイナスにも変化します。物事を悪くとる人は何につけても負の側面を見る傾向があります。

一方、幸せな人とは、特別に運に恵まれているわけではなく、現実を素直に受け止められる、柔軟な心の持ち主といえるのではないでしょうか。

最近、私は初めて帯状疱疹《たいじょうほうしん》というものにかかりました。

私の場合は、何やら神経をピッと引っ張られるような痛みがあり、病院に行くのが苦手なので、精神力と、家にある軟膏をつけていたら十日ほどで治まってしまいました。このときも、「あぁ、これも『一度は経験しておきなさいよ』ということなんだな」と、どこか冷静に眺めている自分がいました。自らの身に起きたことは、すべて〝経験〟として蓄積されます。

くだんの帯状疱疹だって、こうして本のネタにもなっているわけですし、誰かが発症したときには自分の体験を語ることもできます。人生にムダなものなし。最近つくづく思うことです。

あがいても
困難はなくならない。
受け入れることで楽になる。

自らの身に起きたことは、よいことも悪いことも、すべて「経験」として蓄積される。人生にムダなし。

膨大なものをどう整理するか？

終いじたくの一環として、最近身の回りのものをせっせと片づけています。

何を隠そう、かつてわが家はもので溢れ返っていました。玄関のシューズボックスを開けば、国内外で買い揃えた靴が天井までズラリと並び、クローゼットには、クリスチャン・ディオールに勤めていた頃に購入したドレスやジャケット、そしてバッグ、アクセサリー、スカーフなどが所狭しと置かれています。

また、私は食べ物が足りないというのが嫌なので、冷蔵庫には常備食からお惣菜、お取り寄せしたお菓子、季節のフルーツなどがぎっしりと詰まっています。

終戦後のものがない時代に育ち、親に欲しいものをねだることもできなかった若き日の反動なのかもしれません。私はものを買うときにも一個、二個単位ではなく、「あの人の分も」「今度いつ買えるか分からない」という具合に、いわゆる〝大人買い〟してしまうのです。

それに加えて、私は夫、産みの母、育ての母という三人分の遺品を大切にしまい込んでいました。そこで、時間的に少し余裕ができた今、思い切って溜め込んできたものを整理しようと決めたのです。

大阪・堺の家に保管していた夫の遺品の一部は、死後十年余りで無残な姿に変わり果ててしまいました。その経験があったので、のちに亡くなったふたりの母が身につけていたものは、今回、割合すんなりと手放すことができました。

また、クローゼットから溢れていた自分のものは、似合いそうな人に引き取ってもらいました。でも、どうしても処分できないものがあります。それは本、食器、そしていただきものです。

今は何百冊分もの本をデータ化してコンパクトに保管することができるようですが、赤鉛筆で線を引いたり、文字を書き込んだり、付箋《ふせん》をつけたりする私にとっては、やはり本は紙のほうがありがたく、すぐに取り出せるよう常に本棚に並べておきたいのです。

また、食器集めは私の趣味のひとつ。若い頃、「いつか喫茶店を開きたい」という夢を抱いていた私は、マイセンやリチャードジノリ、ウェッジウッドなどの洋食器を少しずつ買い揃えていました。やがて陶器にも興味をもち、今は食器棚に和と洋の器が不思議な統一感をもって収まっています。これらも、それぞれに思い入れがあるため、どうしても数を減らすことができないのです。

さらに、人からいただいたものは粗末にしたくありません。ものには魂が宿りますから、いただきものは単なるものではない。その人の気持ちも含めて、永く大切にしたいと思っています。ただし、これらをのぞけば、あとは私の知らないところで一気に片づけてほしいというのが本音です。ものの整理をじゃまするのは未練であり、いざ手元からなくなれば、「あれはどこ?」なんて思い出すのはほんの一部。つまるところ、ものの整理とは心の整理なのかもしれません。

ものの整理は
心の整理。

捨てることをじゃまするのは未練であり、
それを断ち切らない限り、
ものは片づかない。

ショウガと黒糖が私の常備薬

私はほとんど薬というものを飲まないし、サプリメント類も買ったことがありません。「一日一粒で効果を実感！」といったテレビコマーシャルを見ても、「これを飲んだだけで、そんなにピンピンになるのかしら？」と、疑ってしまいます。

では、体調を崩したときにはどうするかというと、私はなるべく体によい食べ物をとるようにしています。とくに、年中スーパーマーケットで安く入手することができる「ショウガ」は、わが家では常備野菜の王様のような存在です。薬味といわれるだけあって、殺菌、発汗、整腸、解熱など、さまざまな薬理効果をもつことでも知られています。

「あれ、風邪引いたかな？」「ちょっとおかしいな」と思ったときは、黒糖を塊ごとゴロンとマグカップに入れ、そこにショウガのしぼり汁を加えます。そうして熱いお湯をザーッと注げば自家製ドリンクの出来上がり。

これを飲んですぐに布団に入ると、カーッと汗が出てきてパジャマがビショビショになります。何度か着替えをしたら翌日はスッキリ、何事もなかったように体が動くのです。

身近に風邪気味の人がいると、おせっかいだとは思いながらも「とにかく、これを飲んで」といってこのドリンクをお出しします。

「未病」という言葉をご存じでしょうか。これは、病気というほどではないけれど、病気に向かいつつある状態を指し、この段階で手を打っておくと大事に至りにくいのです。黒糖とショウガのドリンクは、まさに未病の段階で飲むのがお勧めです。

なお、未病の理論は実は美容にもあてはまり、たとえばできてしまったシミを薄くするために、美容液を塗ったり、パックをしたりするよりも、シミができないように、あるいは今あるシミをこれ以上濃くしないように紫外線対策をしっかりとするほうが、はるかにケアが簡単で効果的です。だから私は最近、「美容論は予防論です」と、皆さんにお伝えしています。

さて、ショウガの話に戻りますが、私は炭酸水のペリエをよくいただきます。そのペリエを飲むときにすりおろしたショウガを入れると、ピリッとした辛さがアクセントになって何とも爽やかな飲み心地になるのです。

さらに、あるときいつも食べているプレーンヨーグルトに、ショウガのすりおろしを小さじ一杯分加えてみたら、マイルドな酸味が後を引く新感覚のデザートが出来上がりました。ショウガはヨーグルトとの相性もいいのです。

これらのネーミングは黒糖ショウガに、スパークリング・ジンジャー、ショウガヨーグルト。どれも簡単でヘルシー、美肌づくりにも最適なので、よかったら皆さんも試してみてください。

美食同源。
健康の第一歩は
体が喜ぶものを口にすること。

薬になる食べ物は身の回りにたくさんある。
それらを上手に利用して、
手軽すぎる健康法に踊らされないようにしたい。

宅配、お取り寄せを上手に活用

食べるという字は、「人」を「良」くすると書きます。それが有名だとか珍しいとか、高価だとかいうことではなく、自分が本当に美味しいと感じるものを口にすると、人は良い状態になれると思います。一方、空腹を満たすためだけの食事を続けていると、心もすさんできます。

最近は「食育」が注目されています。これは単に栄養や料理についての教育ではなく、もっと広い意味で食べることは生きること、食べることは体・心・知能とつながっているということを伝えていく教育だそうで、私はとても素晴らしいことだと感じています。飽食の時代となった今、改めて食べることの大切さが見直されているのかもしれません。

さて、私は昔から美味しいものを食べに行ったり、買ってきたりするのが大好き。そして、まだそのようなネーミングすらない五十年ほど前から利用しているのが、「お取り寄せ」です。

いただきものや、よそで食べて美味しかったものは、包装紙でもパンフレットでも何でもファイルにはさんでおき、こまめに注文するのです。高知のフルーツトマト、千葉のナシ……。決して広い国土をもつわけではありませんが、四季がはっきりとしている日本には季節野菜や、その土地ならではの特産品が数多くあります。それらをタイミグよく注文し、ひとりでじっくりと味わったり、ときには気心の知れた人たちと一緒にいただいたり。そんなささやかなことが、私の生活に潤いを与えてくれるのです。

私がお取り寄せをし始めた当時は、まだ宅配便というものが普及していませんでした。ですから、その土地のものを入手するのもひと苦労でした。配送を断られ、お目当ての和菓子を買うためだけに何時間もかけて電車を乗り継いで行ったら、お店が閉まっていたという苦い経験もあります。

でも今は、電話一本、ファクス一枚で全国の美味しいものがすぐに自宅へ届く時代。お取り寄せマニアとしては、何ともよい時代になったなぁと思っています。

また、お取り寄せではないのですが、最近はスーパーマーケットでも宅配サービスを導入するところが増えています。私はペットボトルの飲料やトイレットペーパーなど、多めに買っておきたいけれど、かさばったり重たくて持ち運ぶのが大変なものは、多少手数料がかかっても宅配サービスに甘えてしまいます。

無理をして重いものを運んで、商売道具でもある手を痛めたり、転倒でもしたら大変です。そして、荷物が少ないのは精神的にも楽です。

聞くところによると、七十歳になると私たちの筋肉は三十歳のときの約三分の二、太ももにいたっては半分近くまで細くなるといいます。それを充分に自覚した上で、ケガを未然に防ぐというのも自己管理の一環、ひいては楽しく生きるための知恵だと思うのです。

ときに便利さに甘えるのも
自己管理のひとつ。

人に迷惑をかけず、楽しく生きるためには、
無理をしないこと、事故を未然に防ぐこと。

今、健康であることに感謝したい

これといった大病をしたことのない私ですが、体の定期点検として毎年人間ドックに入っています。結果は判で押したように毎年一緒で、どこも異常なし、きわめて「普通」とのことです。血圧もコレステロールも、中性脂肪も何もかもが標準値。この普通であるということは、うっかりすると当たり前だと感じてしまいますが、ごく普通に健康的な暮らしができるというのは、実はとてもありがたいことなのです。

お肌のカウンセリングをしていると、いつの間にか人生相談になることがあります。中高年の女性の口からよく出てくるのが、「私ばかりが親の世話をさせられて……」「姑の看病に疲れた」といった嘆きです。そんなとき、私は「では、もしもあなたが急に寝込んで看病される立場になったら、看病するのとされるのではどっちがいい？」と聞きます。すると、皆さんこう答えます、「看病するほうがいい」。「そうでしょう。健康をいただいていることに感謝しなくてはダメよ。健康だからこそ人様の面倒を見ることができるのだから」。そこで皆さんハッとされるのです。病気で寝込むほどつらいことはありません。

私も自分が健康体だったから、すべてをなげうって夫の看病をすることができた。もしも体が弱かったら、夫の面倒をまともに見ることができず、つらい思いをしたはずです。

先にもお伝えしたとおり、私は健康を維持するという目的では、特別なことはしていません。そして私の特技は、いつでもどこでも寝られることです。

新幹線や飛行機での移動中はもちろん、サロンでも次のお客様が見えるまでに二十分もあれば、「ちょっと寝るから」とスタッフに告げて、毛布をかぶってソファで仮眠します。講演会などが続いても、ちょっとした隙間タイムに私はうまいこと寝てしまうので、さほど疲れが残らないのです。

そして私が毎朝行っているのが、お通じチェックです。「便は体からのお便り」というように、たくさんの体内情報を運んできてくれます。トイレでその日の形、色、量、においなどをチェックすることで、「あら、今日は量が少ないわ。運動不足かしら」「わー、嫌なにおい。お肉を控えよう」「ちゃんと消化されてないわ。少し疲れが出たかな」など、簡単に体調管理ができるのです。

かつて私は、福岡県にある健康道場で断食をしたことがあります。二日目あたりから胃がむかむかしてきて、真っ黒な宿便が出ました。聞くと化学的なものが体の中に溜まっていたのだとか。便は本当に〝雄弁〟です。

今は新聞を開いてもテレビを見ていても、健康に関する情報が溢れています。けれども、外からものを取り入れるよりも、まずは自分自身をじっくりと観察することが大切なのではないでしょうか。ぜひトイレのあとはすぐに水を流さず、体からのメッセージを読み取ってみてください。

健康で普通に暮らせることは当たり前ではない。

介護や看病ができるのも
自分が健康だからこそ。
そのことに感謝するのを忘れてはならない。

第四章

これが私の〝人生の終い方〟

かつては『関白宣言』、今は『千の風になって』が響く

以前、老夫婦が仲良く手をつないで坂道を歩くシーンが印象的な、食器用洗剤のテレビコマーシャルがありました。私はこのCMが大好きで、「私たちもこういう夫婦になろうね」と、夫に話していたものです。

上智大学出身のインテリでおしゃれな夫は、私にとって憧れの先輩のような存在でした。そんな夫に尽くすことに私は幸せを感じていたのです。

ですから結婚後、仕事に就く際にはなるべく家事に支障をきたさないよう、当時としては珍しかった、週休二日のゲランという外資系の化粧品メーカーを選択しました。

平日は仕事が終わると、すぐにデパートの食品売り場に駆け込んで夕食の食材

を買い込みます。先に帰宅する夫には「炊飯器のスイッチだけ入れておいて」と、あらかじめ頼んでおき、私は家に着いて四十分以内に夕食を食卓に並べる――。これを自分なりのルールにしていました。

そして食事の片づけが終わると、パリッとアイロンのかかったハンカチを引き出しから取り出し、明日着るスーツを選んで、それに合う靴をさっと拭いて玄関に並べておく。自分のものではなく、もちろん夫のためにです。「何もそこまでしなくても……」と思われるかもしれませんが、私は夫のために動くことが少しも苦にならなかったのです。

ちょうどその頃、少し変わったフォークソングが流行っていました。さだまさしさんの『関白宣言』という歌です。その歌は、結婚を前にした男性が亭主関白を宣言しつつも、自分の弱さやもろさをのぞかせるというコミカルなもので、社会的には賛否両論ありましたが、父親不在の家庭に育った私は、どこか亭主関白に憧れているところがあり、この歌を気に入ってよく聴いていたものです。

そして最近、私はまたしても自分の心境にぴったりの曲に出合いました。それは、秋川雅史さんが紅白歌合戦で歌って一躍有名になった『千の風になって』です。

私自身お墓に入る予定はなく、あの世へ旅立ったら、肌のことで悩んでいる方や生前にお世話になった方のもとへ、まさに風のように舞い降りたいと思っているので、この歌にとても共感してしまったのです。

夫を亡くした直後、私は食事もろくにとらず、お風呂にも入らずにひたすら泣き続け、骨壺から夫の遺骨を取り出してはポリポリとかじっていました。当時のことはほとんど記憶にないのですが、「夫と一体になりたい」という気持ちがそのような行動に走らせたのでしょう。そんな生活が一年以上続いたあと、ようやく私が立ち直ることができたのは、「夫は私の中で生きている」「いつもそばにいる」と思えたからなのです。

『千の風になって』という歌は、アメリカ発祥とされる詩を新井満さんが日本語に訳し、自ら曲をつけることで誕生したそうです。

この歌のヒットの背景にあるのは、亡くなった人が今も自分のそばにいる、あるいはいてほしいという多くの人の願いなのではないでしょうか。

大切な人はいつも
心の中にいる。

亡くなった人が、
いつもそばにいると思えたときに、
悲しみから解放されることがある。

葬儀は質素でいい。ただしBGMは……

「お葬式にお金をかけなくていい。できる範囲で送ってくれればいいよ」

自らの死期を悟ったとき、夫は私にこう告げました。

夫は五十代、私は四十代に突入したばかりのことです。まだまだ働き盛りの私たちは、タイミングを同じくしてキャリアアップとしての転職先が決まり、大阪から東京へと移り住む準備をしていました。

そんな折、数日前に少し体調を崩して検査入院をしていた夫の主治医から、私のもとに呼び出しが来たのです。

肺ガンで余命は三カ月――。医師の口から出た言葉に私はわが耳を疑い、それと同時に、二人揃って東京で新たな生活をスタートするという計画も消え去りました。先方は待つと言ってくれましたが、私は夫の看病に専念するため転職先への入社を辞退しました。夫の治療に充《あ》てられる確かな収入は、まだ籍が残っていた会社で休職扱いにしてもらった夫のお給料だけになりました。

夫が倒れることなど想像もしていなかったので、医療保険には入っていませんでした。さらに運悪く、手形の裏書きを引き受けたために、私はこの時期に五百万円の借金を肩代わりする羽目になったのです。まさにないない尽くしの中で、私はありったけのお金を夫のガン治療に注ぎ込み、しまいには買ったばかりの一軒家を売りにも出しました。

その甲斐あってか、三カ月といわれた夫の命は一年半に延びましたが、夫の死後、私に残されたものはほとんどありませんでした。

そんなわが家の経済事情を病床にいた夫は痛いほど分かっていたので、彼なりに気を遣って、冒頭の言葉をかけてくれたのです。

ところが、いざ葬儀をあげようとすると、義理の母と姉が「そんなみっともないお葬式はできません。神道では死んだ人は神様のもとに行くのだからめでたいこと。もっと盛大にやらなければ」などと言い出したのです。

葬儀は大阪の自宅で執り行いましたが、入り口の手水《ちょうず》には水車のようなものが設えられ、祭壇には鯛などをお供えし、家じゅうに紅白の紙をまき散らして……。これで当初の予算の倍以上になり、夫の死後しばらくの間、私はお香典で食いつなぐという惨めな生活を送ることになりました。

このとき強く思ったのです。葬儀は世間体のためにするものではない、故人が望まない葬儀に何の意味があるのだろうかと。のちに数々の葬儀に出席した経験からも、自分のときは限りなく質素でいいという結論に達し、それを周りにも伝えています。

ただひとつ、ＢＧＭだけはリクエストしてあるのです。「大好きなマイケル・ジャクソンと福ちゃんで送ってよ」と。私はマイケル・ジャクソンのドキュメンタリー映画「THIS IS IT」を観るために、映画館に十七回足を運ぶほどのマイケルファン。また、福ちゃんとは福山雅治さんのことで、私が若い頃に流産した子供が生きていたら、ちょうど福山さんと同じくらいの年齢なのです。「こういう息子が欲しかった」という思いがあるのと、ライヴ会場に駆け付けるほど彼の歌が好きなので、マイケル・ジャクソンと福山雅治さんのベストアルバムが流れる中で、皆さんに送っていただければ、それで充分に幸せなのです。

ところで、夫の入院中に売りに出した大阪の家は「夫の命と引き換えにするのだから安売りはしたくない」と意気込んだばかりに結局買い手がつかず、夫の命と引き換えにローンが相殺になりました。東京で暮らす今も、大阪の家はそのまま残してあります。今思えば売れなくてよかったのかもしれません。ここに帰って来れば、いつでも楽しかったふたりの生活が甦《よみがえ》ってきます。

葬儀は世間体のために
するものではない。
簡素に送られるのもまたよし。

故人が望まない葬儀に何の意味があるのだろう。
肝心なのは「送る心」であり、豪華さではない。

死ぬのは怖くない。あの世で皆が待っているから

「こうして毎日ごはんを食べさせてもらえるのも、この手足のおかげだよ」農業を営んでいた祖父は、寝る前に自分の手を見ながら幼い私にそう教えてくれました。また、手を合わせて「南無阿弥陀仏、南無阿弥陀仏」としきりに唱えていた祖父の背中も鮮明に目に焼きついています。

仏教信者だった祖父は、「こうして阿弥陀さんに唱えていれば、死んだあとにキンキンキラキラの世界に連れていってもらえるよ」と言っていました。私は割合素直な子供だったので、「死んだあとに行く極楽浄土は、年をとらなくて皆が楽しく暮らす、きれいなところなんだろうな」と想像を膨らませたものです。

そして今でも私は「死んだら、あの世の霊界へ行ける」と信じています。あの

世には最愛の夫がいますし、私を育ててくれた祖父母もいます。そして、裕次郎もひばりもマイケル・ジャクソンも……。皆に会えるから、私は死ぬのがまったく怖くありません。明日死んでもいいという気持ちです。

さらに私には、あの世で待つ夫にある報告をするというミッションがあります。

私が結婚した一九六七年当時、夫は外で働き、妻は家庭を守るというのが普通でした。ですから私が働きたいと言い出したとき、夫は複雑な心境だったと思います。

けれども、夫は私の目を見てこう言いました。「社会貢献ができて人様に喜んでもらえ、自分がこの仕事に就いてよかったと思えるもの、定年までまっとうできるものであればやりなさい」。それを夫に約束した上で、私は結婚後も好きな美容の世界で働かせてもらったのです。ですから、あの世で夫に会ったら「六十歳まで勤め上げたよ」と報告しなければなりません。

実をいうと、クリスチャン・ディオールに在籍していた十五年間で、私は三回、肩たたきに遭っています。「私たちの仕事は、お客様をきれいにして差し上げること。会社の売り上げのために、お客様にとって不要な商品を勧めるのは本末転倒である」というのが入社当時からの私の信念でしたが、その考えが目先の利益を追求する人々には歓迎されなかったのでしょう。

理不尽な処遇に悔し涙を流したこともありました。それでも、歯を食いしばって定年まで勤め上げることができたのは、夫との約束を守らねばならないという使命感があったからなのです。

ほかにもあの世で夫に報告したいことはたくさんあります。「あれからひとりで頑張って生きてきたよ」「楽しいことをいっぱいさせてもらった」「テレビにも出させてもらったし、ふたりでやろうとしていたことも叶えたよ」……。

私にとって、死とは自分が消えてなくなることではなく、大好きな人に会いに行くということです。だから、「そうか、うれしいのか」「よかったね」と言って、皆さんにそっと送ってもらえたらいいなと思っています。

遂行すべきミッションがあれば生きる張り合いが生まれる。

強い信念や目標が人を突き動かす。
何のミッションもない生活は、
ある意味で虚《むな》しい。

棺の中の私はたぶん笑っている

お葬式は限りなく質素でいい。私がそう周囲に伝えたことは確かです。だからといって、地味で湿っぽいものを想像しているわけではありません。祭壇はごくシンプルでいいし、豪華な花で飾りたてなくても構いません。ただ、カサブランカやアジサイ、スイートピーなど私が好きな白い花が写真の周りにあればうれしい。そして、お香典の代わりに、皆さんが思い思いに選んだ好きな花をもってきて、棺の中へ入れてくだされば私は幸せです。

花以外のものは一切棺に入れないでいただきたい。手ぶらでルンルンで、夫の待つあの世へ行くから。そもそも棺だって一番簡素なもので充分ですし、そのほうが隙間にいっぱい花が入るでしょう。

たくさんの花に囲まれて福山さんとマイケル・ジャクソンのBGMで送られる、それ以外、私がお葬式に対して望むものはありません。皆がお別れに来てくれれば、それだけで私は上機嫌です。もちろん、来てくれなくても恨みません。私があなたのもとへ会いに行くわという気持ちです。

「また格好つけちゃって。実際には立派なお葬式をするんでしょう?」などと思われるかもしれませんが、正真正銘これが私の本心です。

それよりも私にとって大事なのは、お骨の〝終い方〟です。死んだら夫の遺骨と私のお骨をミックスしてください。最期は夫と一体になるのが私の夢ですから、これだけはお願いしたいのです。

ちなみに、三十年前に亡くなった夫はお墓に入っていません。お骨は滋賀にある私の母の実家に安置し、私はお舎利さん(喉仏の骨)だけを手元に置いて今も一緒に暮らしているのです。

私たちにはお墓を継ぐ人はいません。だから、「私が死んだら夫と自分の骨を一緒にして、永代供養にしてほしい。そのための費用は残しておくからね」と、ずいぶん前から弟と甥に伝えてあるのです。

自分でこんなことを言うのも変ですが、たぶん私、ニコッと笑って死んでいると思います。だからみんなにその顔を見てもらいたいのです。そして、「この人、笑ってるわ」と言ってほしい。私は死ぬまで日焼け止めクリームをつけているはずだから、「やっぱり最期までちゃんと塗っていたのね。だからきれいじゃない」と言ってもらいたいと思っています。

「よく死ぬことは、よく生きること」といいます。

私が自分は笑って死ねると信じているのも、「そのときどきを生き切ってきた」「もう思い残すことはない」という実感があるからです。

気持ちよくきれいに死んでいくためには、いろいろな欲を捨ててただ今を生きる、生をまっとうする、それに尽きると思います。

よく死ぬことは
よく生きること。

いろいろな欲を捨て、
ただ今を生きる、生をまっとうする。
そうすれば気持ちよくあの世へ行けるはず。

親友との別れで学んだこと

東京・目黒の牛山喜久子美容学校に入ったのは一九六三年、私が二十歳のときです。高度経済成長が進みファッションや美容の世界も華やかになってきた当時、この学校には全国からたくさんの生徒が集まっていました。

大阪から出てきた私は、北海道、青森から上京したクラスメイトと意気投合し、よく三人で授業の復習をしたり、将来の夢を語り合ったりしていました。青森出身の友人とはその後も親しくしており、私が六十歳を過ぎてから開校したチャモロジー（魅力学）スクールでは外部講師をしてもらうなど、永く交友関係が続いていたのです。

二〇一三年、その彼女が倒れたという知らせが私のもとに入りました。

病名は脳腫瘍《のうしゅよう》とのこと。私はできるだけよい先生に診てもらいたかったので、あらゆる手を尽くして紹介状を書いてもらい、奇跡的にその道では有名な大学病院のお医者様の治療を受けられることになりました。すぐに手続きをして、青森にいる彼女を東京へ呼び寄せました。

現れた彼女は、七十前なのに九十歳ぐらいに見えました。半身不随で左側が硬直し、体はひと回りもふた回りも小さくなっています。入院中、ものをのどに詰まらせたら困るので、私はスクールの卒業生に声をかけ、食事のときには、常に誰かが付き添うようにしてもらいました。「団体で行かないでね。必ず交代で行ってちょうだい」と。次第に彼女の容態は回復し、食事もよく取り、言葉もハッキリと口にできるようになってきました。

そこでご主人が、東京と同じ治療を引き継いでくれる青森の病院に彼女を戻すことになりました。そのほうが、彼女もご主人と毎日会えます。しかし、ほどなくして彼女は亡くなりました。原因は脳腫瘍ではなく、食事をのどに詰まらせたことによる窒息でした。入院中、彼女の配膳は一番最後と決まっており、必ずご主人が付き添っていました。しかしその日に限って最初に回ってきたのです。ご主人が来ないので彼女は自分で食事を口に運びました。そして、鶏肉とほうれん草をのどに詰まらせたのです。ご主人が来る七、八分前の出来事でした。あれほど食事には気をつけていたのに……。間違いなく病気は回復していたのに……。こんなに悔しいことはありません。

さらに、私にとっては悲しい出来事が起きたのです。

彼女の葬儀に出席するため、私は暮れも押し迫った十二月に青森へと向かいました。天国へ旅立つ彼女にきれいにお化粧をしてあげようと、薄紅色の口紅をバッグに入れて。ところが、葬儀会場に入って愕然としました。彼女の遺体がどこにもないのです。聞くと、すでに火葬は済ませてあるとか。だから、遺影の前にあるのはお骨だけでした。私は彼女に会えると思って駆け付けたのですが、お骨になっていたから、死に化粧もしてあげられませんでした。私は彼女に最後のハグをしたかったのです。

あとで分かったのですが、北関東や東北地方などでは葬儀に先立って火葬をする「骨葬」が多いのだそうです。しかし、そういった風習を知らない遠方からの出席者のために、葬儀の案内にひとこと「死後すぐにお骨にします」というような一文を入れておいてくだされば、心の準備ができるのではないかと思います。これも、相手を思うがゆえの〝終いじたく〟のひとつではないでしょうか。

亡くなった彼女は、倒れる数カ月前までは元気そのものでした。ご主人の退職金が出たらその三分の一で家を直し、三分の一は食べていくために、そして残りのお金で夫婦水入らずの旅行を楽しもうと計画しており、すでに自宅を直し始めていたのです。しかし、お金の工面はしていても〝終いじたく〟まではしていませんでした。そして私も、こんなに早く、彼女とのお別れが来るとは想像もしていなかったのです。まさに、人の身にはいつ何が起きるか分からないということを、改めて感じさせられた出来事でした。

人との別れが、命が永遠ではないことに気づかせてくれる。

人の死に立ち合うことで、
自分の死がリアリティを帯びてくる。
目を背けるのではなく、
そこに向かって準備をしよう。

自分のために保険に加入

一・五リットル入りのペットボトルの水を二ケース注文すると、床がきしんで抜けそうになる――。夫の死からようやく立ち直り、四十五歳でクリスチャン・ディオールのトレーニングマネージャーという大役をいただいて上京してきたときの私の住まいは、そんな目黒にある六畳一間の女性専用アパートでした。すべての預貯金を夫の治療費に充て、お香典でどうにか葬儀費用を払い終えた私は、文字通りすってんてんだったのです。

実は夫を亡くした直後の記憶はほとんどありません。葬儀のときの取り乱し方を気にして、一カ月ほどそばにいてくれた実母によると、食事もろくにとらず、お風呂にも入らず、ひたすら夫のお骨の前で泣き通していたのだとか。

少しずつ食事がのどを通るようになり、何とか立ち直ったときには、すでに一年が経過していました。「いつまでもこうしているわけにはいけない。そろそろ真剣に仕事を探さなければ……」。そう考えていたときに、ゲラン時代の同僚が、クリスチャン・ディオールの求人の話をもってきてくれたのです。

縁あって私は再び美容の世界に返り咲くことになりました。これから東京の地で、新たなステージに立って、ひとりで人生を切り拓いていかなければならない。その覚悟を決めたタイミングで、私は自分への投資としてある契約をしました。かつてはまったく関心のなかった、「生命保険」に加入したのです。

きっかけとなったのは夫の入院でした。大きな病気ひとつせず、脇目もふらずに働いていた私たち夫婦は、生命保険というものに入っていませんでした。ですから夫が病に倒れたとき、経済的にとても苦労したのです。

ガン治療には、とにかくお金がかかります。三十年ほど前の話ですが、今でも忘れません。定期検査に八万円、抗がん剤治療をするにも八万円。お金が飛ぶように消えてゆき、最後は自宅を売りに出したのは先にお伝えした通りです。このとき私は、「あぁ、こういうときのために保険に入っておく必要があるんだな」と学習したのです。

当時の私にとって保険といえば、いわゆる生保レディと呼ばれる保険外交員が、職場などにやってきては契約をとり、報酬を受けとるというイメージしかありませんでした。知人からもよく「この保険に入ってあげて」などとお願いされたものです。だから私は、保険に入るのは、生保レディを助けるためだと考えていたのです。

しかし、主人の入院を機に保険への見方が変わり、私は〝自分自身〟のために医療保険に入りました。病気やケガで入院・手術を受けたときに給付金が支払われるというものです。もともと子供はおらず、夫を亡くしたことで私には家族がいなくなりましたから、人に迷惑をかけるわけにはいきません。現実的なことをいえば、もしも私が急に倒れても、保険さえあれば何とかなると思ったのです。

実際に、クリスチャン・ディオールに入社した当時の私は、夜中の二時三時にタクシーで自宅に帰ってきて、八時には出社するという寝る間もない生活を送っており、いつ倒れてもおかしくない状態でした。

幸いこれまで保険のお世話にはなっていませんが、保険はいざというときの「安心」につながります。おそらく弟や甥は私を見捨てはしないと思いますが、最初から甘えたくはないので、「ちゃんと保険に入っているから心配しないで」と、彼らに伝えてあります。

ただし、逆に残す相手もいないので、死亡保険には入っていません。もっとも私のようなおひとりさまの場合はそれでいいと思いますが、養うべきご家族がいる方には、死後に残せるものがある保険がよいのではないでしょうか。

事実、突然ご主人が亡くなり、死亡保険に入っていなかったために、「私たち、これからどうしたらいいの?」と母子で途方に暮れるという姿を、私は何度か見てきましたから。

周りに極力
迷惑をかけないための対策をとる。
これもひとりで生きる上でのマナー。

現実的なことをいえば、急に倒れたとしても、
保険があれば何とかなるもの。
つまり「安心」を買うのもひとつの生きる知恵。

遺産は佐伯式を広めてくれる人に

〝終いじたく〟ということでいえば、現実的には自分のためというよりも、残された人のために一番大切になってくるのが、遺産のことではないでしょうか。

同窓会などで同年代の人たちと話していると、必ずといってよいほど話題に上るのが遺産相続のことです。人が亡くなったあとは得てしてドロドロになりがちです。とくに、公的な遺言書がない場合や家庭が複雑なケースでは、のちのち面倒なことになるのが目に見えているので、財産の大小にかかわらず、遺産のことはきちんとしておくに越したことはないと私は感じています。

私はこれまでの経験から、身内に残してもいいことはないと思っているので、血縁に関係なく、財産を最大限に生かしてくれる人に託したいと考えています。

現在、私のもとには佐伯式のお手入れを広めるために、日々活動をしてくれているスタッフがいます。近いうちに現在の仕事を後進にバトンタッチし、私がいなくなってからも佐伯式を引き継いでいってもらいたい。そのための手続きも始めています。

かつては、遺産や葬儀の話は「生きているうちから、縁起でもない」と敬遠されることが多かったものです。しかし最近は、元気なうちに意思確認をしておいたほうがいいという考え方がだいぶポピュラーになり、「終活」や「エンディングノート」といった言葉もよく目にするようになりました。

私はアバウトな生き方をしてこなかったので、死ぬときもきちんとしたいと思い、現在の意思をまとめてみました。ただし、これはあくまでも私の希望です。もちろん、この通りにしなくてもいい。ただ、「チズさんはこんなこと考えていたのね」と分かってもらえて、少しでも〝終いじたく〟の参考になれば幸いです。

❖佐伯チズの生前メッセージ

・不動産を含めて佐伯チズ名義のすべての財産は、佐伯式を継承する人々のために贈与します
・終末期の延命措置は望みません
・死後は献体にご協力します
・お墓はいりません。遺骨は夫のお骨とミックスし、永代供養にしてください
・葬儀に余計なお金をかけないでください
・ただひとつ、BGMには「世界のキング・オブ・ポップ」マイケル・ジャクソンと「日本のキング・オブ・ポップ」福山雅治さんのベストアルバムをお願いします
・お香典はいりません。皆さんの好きなお花を私の棺の中に入れてください
・これは永遠の別れではありません。私は、千の風になって皆さんに会いに行きます。だからきちんと肌のお手入れをして、待っていてね

「縁起でもない」と、
遺産や葬儀の話を
忌み嫌う時代は終わった。

人が亡くなったあとは得てしてドロドロ。
財産の大小にかかわらず、
遺産のことはきちんとしておくに越したことはない。

野生動物のように自然に逝きたい

突然ですが、クジラは死んだらどうなると思いますか？

以前にドキュメンタリー番組で見たのですが、クジラは死ぬと海底に沈むのだそうです。しばらく海流に乗って浮遊したとしても、やがて沈む。そして、深海に棲む魚やエビ、カニなどがそれをつつきます。つまりクジラは彼らのエサになり、そこに独自の生態系が生まれるのだそうです。

ライオンでもトラでも、食物連鎖の中にいる生き物は、死ぬと小さな生き物のエサになり、その小さな生き物の死骸を微生物などが食べる――。こうして命をつないでいます。まさに自然界では、ムダのないリサイクルが行われているというわけです。摂取するだけけして最後は灰になる人間は、何も自然界に還元できていないのかもしれません。

命をまっとうするということでいえば、自らエサが食べられなくなった野生動物が息絶えるように、死期が来たら私は自然に逝きたいと思っています。つまり、終末期の延命措置は望んでいません。痛いのは苦手なので、苦痛を和らげるための治療はしていただきたいけれど、意識もないのにチューブにつながれて生き長らえるのは遠慮したいと思っています。

ただし、自分でそう言っているだけでは効力がないらしいので、元気なうちにその意思を記した書類を作るつもりです。

また、死後についていえば、食物連鎖とは少し形が違いますが、これからの人のお役に立てるようであれば、私は自分の遺体を「献体」したいと考えています。

実は亡き夫も臓器提供をしています。というのも、夫は肺化膿症という珍しい病気だったので、入院していた病院から「研究の対象にしたいから献体をしてもらえないか」という申し出があったのです。

当時私は、献体というのは遺体をそのまま引き渡してしまうことだと思っていたので、病院側に尋ねたところ、「臓器の一部をいただくだけで、ほかは何ら変わりのない姿でお戻しします」ということでしたので、提供させていただきました。

余命三カ月といわれた夫の命が一年半に延びたのは、過去に研究のために献体をしてくださった方々のおかげだと思っていたし、世の人々の役に立つのであれば夫もきっと喜んでくれると思ったからです。

近年は健康保険証や運転免許証の裏に臓器提供の意思表示欄を設ける取り組みが進んでいますし、「臓器提供意思表示カード」は一部のコンビニエンスストアにも置かれているようです。

私の場合、数年前から全国どこへ行くにも臓器提供意思表示カードを肌身離さず持ち歩いています。そして、「息を引き取ったら新鮮なうちにどうぞ」という気持ちでいるのです。

「命をつなぐ」ために
自分ができることは何か、
考えてみよう。

自然界ではムダのないリサイクルが行われている。
これからの人に役立つ仕組みを大いに活用したい。

第五章

やりたいことはどんどんやったほうがいい

大事なことはすべて祖父母に教わった

子供時代を過ごした母の実家は、皆で食事をとる主屋のそばに囲炉裏《いろり》小屋があり、祖父はよくお湯を沸かしながら、ここでキセルを吸っていました。なぜ暖かい主屋ではなく、わざわざ寒い部屋に祖父がいるのか子供心に私は不思議に思い、あるとき尋ねてみたのです。「おじいちゃんはなぜ、寒いのにこっちでキセルを吸うの？」と。すると、祖父はこう答えました。

「煙草のにおいが嫌いな人もいるだろう。煙たいとか障子が黄色くなるとか、そういう目で見られながら吸うと、一服の味が違ってくるんだよ」。そうは言っても、たったの二回ぐらいしかキセルをふかさないのです。そして吸い終わったらチリ紙を〝こより〟にして、中をきれいに掃除してからしまっていました。

これが「人に配慮をする」ということだと知ったのは、私がもう少し大人になってからでした。人に不快な思いをさせたくない、そして人に気を遣いながら吸うよりも、人のいないところで好きなように吸うほうが美味しい。あれは祖父なりの美学だったのです。

実は産みの母も、育ての母も煙草を吸っていました。それも祖父に聞いてみたことがあります。「どうして女の人が？」と。すると祖父は、「酒を飲んだり、煙草を吸う男の人を、仕事で相手にしているだろう。だから煙草が嫌だ、では仕事にならない。でも、そういう仕事をしないのなら、女の人は煙草を吸わないほうがいいと思うよ」と、子供の私にきちんと教えてくれたのです。

日が暮れて夕食の仕度が始まると、今度は祖母の横にくっついて質問を投げかけます。「お味噌汁の味噌はいつ入れるの？」「どうしてアクを取るの？」と。とにかく私は、「なんで？」を連発する子供でした。周りは煩わしいと感じたこともあるでしょう。でも、親代わりとなって私を育ててくれた祖父母は、嫌な顔ひとつせずに「何でも聞いたらいいよ」と言ってくれました。

「上を見て暮らすな」「分相応が一番楽に生きられる」「ケチと始末は違うんやで。自分のためにケチるのはいいけど、他人のためにケチるのは心が貧しいことや」と人生哲学を教えてくれたのも祖父でした。

昨日まで知らなかったことを知る、自分の質問に大人がきちんと答えてくれるというのは、子供にとってすごくうれしいことです。だから、どうぞ皆さんも自分の子供でも他人の子にも、きちんと答えてあげてください。「子供だから言っても分からない」と思ってはダメです。仮にそのときはピンとこなくても、時間が経ってから理解できることもあります。

そして若い人たちには、人生の先輩の言葉にもっと耳を傾けていただきたいと思います。年長者には永く生きてきた経験から生まれる〝知恵〟があります。

今思えば、私が祖父母から聞いたことは、すべて道理に適《かな》っており、決して学校で教わることのできない大切なことでした。

「子供だから分からない」と
言葉を端折《はしょ》ってはいけない。

そのときはピンとこなくても、
しっかりと頭の片隅に残っていて、
時間が経ってから理解できることがある。

その年齢にしかできないことがある

フランスパン、いちじくのジャム、ホットコーヒー。この組み合わせが好きな私は、いちじくのジャムをたっぷり塗ったフランスパンを一本平らげてしまうこともありました。そして、日に十杯以上飲むほどのコーヒー党でした。なのに、最近はコーヒーが飲めない日があります。フランスパン一本なんて、とても食べられません。これには、われながら驚きました。

あれほど好きだったものが食べられなくなる日が来るとは、四十代、五十代の私には想像できませんでした。その一方で、昔は玉露が飲めなかったのに、今は美味しくいただいています。年齢とともに味覚も変わるということを今、身をもって感じています。

人は必ず一年に一歳、年をとる――。そう頭では理解していても、三十代、四十代では老いに対するリアリティはわかないでしょう。だから私は、自分の経験を踏まえてその年代の人たちに言うのです。「六十歳を過ぎたら食べられなくなるよ、飲めなくなるよ。だから今のうちに好きなものをうんと食べておきなさい」と。

彼女たちがしかるべき年齢になったとき、「あ、佐伯さん、このことを言っていたのね」と、ストンと腑《ふ》に落ちるはずです。

先達に学ぶということでいえば、私は実母と養母の双方の介護をしましたが、そこでもひとつの気づきを得ることができました。母親が少しずつ衰え、やがてそこに死が訪れるという経緯を目の当たりにするうちに、将来の自分の姿を重ね合わせるようになったのです。

「自分はどんな終末を迎えるのだろう」「私がこうなったときは、どうすればいいか」……。改めて自らの生き方を問い直す機会をいただいたと思っています。

人は残された者に「死とはこういうものだ」というメッセージを残してこの世を去っていくのかもしれません。

そんな限りある人生において、大切なことのひとつに「タイミング」があります。先ほどの話ではありませんが、「食べたい！」と思うときは素直に食べたらいい。「もう少しお金が貯まって、余裕ができたらご馳走を食べよう」と先延ばしにしても、その年齢になったら食べられるかどうか分からないし、食の嗜好も変わっていきます。

「家が欲しい」と思ったら、そのときに買えばいい。多少無理をしてでも手に入れ、それから立派な住まいに見合う自分になるよう、頑張って働けばいいのです。どんなにお金を積んでも、「今」を再現することはできません。そして、人生の宿題はなるべく増やさないほうが気持ちよく生きられると思います。だから、やりたいことはその都度済ませておく。これが、結構大事なことだと思います。

どんなにお金を積んでも、
「今」を再現することはできない。

「いつか余裕ができたから」の
〝いつか〟はあてにならない。
目の前のチャンスを逃さない人こそ、
大きく成長できる。

若いうちは借金をしてでもアメリカへ！

モスグリーンのカマロを走らせて、昨日はファニチャーストアへ、今日はコスメショップへと飛び回ったアメリカでの日々……。

ミノルタカメラ（現・コニカミノルタ）でプラネタリウムの技術者をしていた夫のアメリカ赴任に同行するという形で、私は一九七一年から二年ほど、サンフランシスコの近くにあるコンコードという街で過ごしました。

短い期間ではありましたが、コンコードでの日々は私にとって忘れることのできない濃密な時間でした。気力も体力も充分にある二十八歳という年齢で、アメリカのよさを存分に味わうことができたのは、本当に幸せだったと思っています。

一九七一年といえば、海外観光渡航の自由化から七年後です。ジャンボ機が就航した翌年にあたり、日本では海外旅行ブームに火がついた頃でした。もちろん私にとっては初めての渡航であり、アメリカで暮らすことに不安がなかったわけではありません。とくに夫が仕事に出ている間は、ひとりで過ごすわけですから。でも、それよりもまだ見ぬ国に対する期待のほうが大きかったのです。

そしていざアメリカに降り立ってみると、人々は大らかで親切でした。とてつもなく広い道路には大きなクルマがビュンビュン走り、レストランに入れば食べ物の量が違う、お肉のサイズが違う。コーラひとつとっても、アメリカの空の下で飲む味は格別です。

さらに、生地屋さんに入れば、大きなお店の床から天井までぎっしりと商品が積まれ、ハシゴを使ってものを取るという具合でした。近所のスーパーマーケットには、シャンプーだけでも何十種類もが棚にズラーッと並んでいます。そのスケールに私はまず驚き、そこに身を投じることで、やがて小さなことでウジウジすることがバカらしく思えてきました。

〝人種のるつぼ〟といわれるアメリカは、まさに人ももの も多種多様です。その中で埋もれずに生き抜くために、この国では子供の頃から〝自分〟というものを確立させています。

今、私は大学でキャリアアップ講座を担当させていただいていますが、学生の皆さんに私が一番伝えたいことは、「自立する」ということなのです。

講義を始める前に、私はひとりひとりの生徒を知るために簡単なアンケートを行います。

「一番好きな言葉は？」
「外国で行きたいところはどこ？」
「両親以外で、尊敬する人は？」……など。

ところが、これらの問いに対して、空欄で戻ってくることが多いのです。

自分がしたいことが分からないというのは、人にそれを聞くこともできないわけです。それでは、他人とのコミュニケーションは成立しなくなり、どんどん自分の殻にこもって狭い世界で生きることになってしまいます。それでは人生、味気ないではないですか。

若いうちはこれまでの価値観など通用しない世界に飛び込み、いろいろなものを見て、たくさんの人と触れ合い、何でも食べてみればいいのです。その中でしだいに、「自分」というものがあぶり出されるのではないでしょうか。それには、まったく感性の違う人が集まっているアメリカがぴったりだと、自らの経験から私は思うのです。だから甥にでも誰にでも、ことあるごとにこう唱えてきました。

「若いうちは、借金をしてでもアメリカに行きなさい」と。

まったく違う感性と
触れ合うことで、
「自分」があぶり出される。

自立するためには、これまでの価値観など通用しない
世界に飛び込み、いろいろなものに触れることが大事。

語り継がれるべき日本人の美意識

二年間の渡米生活で得たもののひとつに、日本のよさを再認識できたことがあります。私がいたカリフォルニア州のコンコードという街は地中海性気候で、年間を通して過ごしやすいのですが、四季の変化というものはあまり感じられませんでした。

そうすると、「そろそろ紅葉の時期ね」「京都の千枚漬けが出回る頃かしら」などと、季節の風物詩が妙に懐かしくなってくるのです。

改めて日本の文化を繙《ひもと》くと、たとえば着物なら冬・秋・春は裏地のある「袷《あわせ》」、初夏と初秋は一枚仕立ての「単衣《ひとえ》」、盛夏は透ける素材の「薄物《うすもの》」など、季節ごとに素材や柄の変化が楽しめます。また、日本家屋で使われる障子やふすま、畳といった建具は、室内の湿度が高くなれば湿気を吸収し、低くなれば放出する。どんな季節でも快適に過ごせる〝湿度調整機能〟を備えています。衣類にしても、住まいにしても古くから日本では、独自の気候風土に合わせて、実によく工夫が施されているのです。

また、日本料理には走り・旬・名残という表現があります。たとえば鰹《かつお》なら、さっぱりとした「初鰹」、脂がのった「旬の鰹」、そして、もう一度堪能して来年の季節を心待ちにする「戻り鰹」と、ひとつの食材で三通りの味覚が楽しめます。これは本当に贅沢なことで、豊かな食文化をもつ国に生まれて幸せだと私はつくづく感じます。

そして、この〝季節を愛でる〟ということが、日本人の繊細さ、折り目正しさ、礼節などにつながっていると思うのです。

しかし、今や夏に真っ黒のブーツを履いて街を歩く若者もいれば、冬にノースリーブでテレビに出るタレントもいます。さらに電車の中で堂々とメイクをする女性を見ると、私は残念でならないのです。日本女性の美しさとは、奥ゆかしさ、気配りにあると思うからです。

私は佐伯式のエステティシャンを育成するチャモロジー（魅力学）スクールを開校する際、あるルールを定めました。それは、ブーツやジーンズで授業を受けないこと。今でこそ若者ファッションの定番となっていますが、もとをたどればブーツやジーンズは作業着です。それを身につけて授業に臨むのは、外部から来てくださる講師の方に失礼にあたるのではないか、そう考えた上でのルールです。年齢を重ねれば誰もこういった注意をしてくれなくなり、知らずに品格を下げることになるのは彼女たちなのです。

そして、私が後進の教育や採用面接において最も重視するのが挨拶です。挨拶は他人と接するときに〝心の入り口〟となるもの。そして日本文化の基本はきちんとした挨拶にあると思います。相手の目を見て、笑顔できれいに頭を下げる――。これが自然にできる人は、親の愛情をたっぷりと受け、温かい家庭で育っていることが多いのです。一方、挨拶がまともにできない人は、どんなに学歴が高くても、知識が豊富でも、お客様とのコミュニケーションがうまくとれず、なかなか結果を出すことができません。

私は外資系の化粧品メーカーに長年勤めてきたので、仕事柄、海外の方と接する機会も少なくありませんでした。あるとき、フランスから日本にやって来たスタッフをディナーに連れて行くことになり、私はあえて和テイストのステーキ屋さんを選びました。

彼らは益子《ましこ》焼の大きな器に美しく盛られたお肉を見て感激し、箸置きの脇に添えられた季節の花や、箸袋ひとつにもエレガントだと歓声を上げていました。

雨の日にデパートで買い物をして、紙袋にビニールをかぶせてくれる国など、世界中どこを探してもないと外国の方は驚くといいます。

こういった細やかさは日本人が世界に誇れることであり、古くから受け継いできたことです。時代が変わっても、決して絶やしてはならないと感じています。

きちんとした挨拶こそが、日本文化の基本。

他人と接するときに、〝心の入り口〟となるのが挨拶。
日本が世界に誇る、折り目正しさ、
細やかさを忘れたくない。

教育と〝共育〟について

かつての日本では、ものを教えてくれる人が周りにたくさんいました。昔はお寺が学校の役目も果たしており、日頃から説法を聞くことで子供は物事の道理を楽しく学ぶことができました。

また、遅くまで外で遊んでいると近所のおじさんに注意されたり、あるいは一緒に住むおじいさん、おばあさんが生活の知恵を教えてくれたり……。町ぐるみで子供を育てるという環境があったのです。

しかし、地域の結びつきも薄れ、核家族化が進んだ今は、家庭での教育はすべて親にのしかかってくるので、忙しいお母さんはつい子供を叱りつけてしまいます。でも物事の道理も教えずに、ただ「勉強しなさい」では子供が萎縮します。

そうして子供が大きくなってから家庭内暴力でも起こそうものなら、「こんなはずではなかった」となりますが、これは自分がそう育てたのです。何もないところから、子供が急に暴れることはありません。

私は子育ての経験こそありませんが、クリスチャン・ディオールでは全国の美容部員の技術・接客指導の総責任者という職務を任され、定年退職後は佐伯式エステティシャンを育成するチャモロジー（魅力学）スクールを設立しました。そして現在は滋賀県の成安造形大学で教鞭を執らせていただいています。

こうして長年、美容を通じて〝人を教育する〟という仕事に携わってきて思うのは、教育とは上からものを押し付けることではなく、人を育てながら自分も育てなければならないということ。つまり、教える側と教わる側が共に育つ、〝共育〟なのです。

天才ピアニストと呼ばれる辻井伸行さんは、生まれたときから目が見えなかったとか。けれども、モーツァルトの曲を聴かせると全身でリズムをとりながら足をバタバタさせる――。そのことにお母様がいち早く気づき、四歳から本格的にピアノの勉強を開始。一九九八年には、コンサートでデビューを果たし、彼は世界的なピアニストへと成長したのです。

このように親が子供の目線になってその動向をきちんとキャッチし、内包する才能を引き出してあげる。これが教育の原点です。たとえば一緒に食事をしていて「この子は味覚がすごいな」と思ったら、その味覚が育つようにいろいろなものを食べさせてあげたり、食材の説明をすることで、「僕は料理人になりたい」「ケーキ職人になる」という自我が子供に芽生えてくるのだと思います。

人は生まれてから七歳までに、自分の周りにあるものをスポンジのように吸収し、模倣を通して学ぶといいます。ですから、早い段階でよいものに触れさせることが肝心です。これから親になる方、そして教育に携わる方はぜひ叱ることに終始せず、根気よく相手と向き合い、その芽を伸ばしてあげてください。それが結果的に、自分を育てることにつながるのだと思います。

教育とは教える側と
教わる側が共に育つこと。

上からものを言うのではなく、
相手の動向を敏感にキャッチし、
内包する才能を引き出してあげる。
これが〝共育〟の原点。

年齢を重ねるのは楽しい

琉球畳を敷き詰めた窓辺のコーナーに、ぺたんと座ってお茶をすすりながら、ふとこう思うのです。

東京湾を見下ろす自分のマンションで、こうしてのんびりと暮らす日が訪れるとは。どっしりとしたクリスタルのフラワーベースに、大好きなカサブランカの花をドサッと投げ入れ、自宅のリビングに飾る日が来るとは、と。

極楽とんぼの両親をもち、成人するまで肩身の狭い居候生活を強いられてきた私には、今の生活を想像することもできませんでした。握り飯を片手に映画館にこもるのが、ひとりになれる唯一の時間だった高校時代の自分にこう言ってあげたいと思います。「人生、楽しいことばかりではないけれど、生きていれば必ずいいことがあるよ」。

私が尊敬してやまない美輪明宏さんは、『正負の法則』というものを唱えていらっしゃいます。何かを得れば何かを失い、何かを失えば何かを得られる。それを繰り返すので、人生はプラスマイナスゼロになる――。

なるほど、人生はうまく帳尻が合うようにできていると、この年齢になって実感しています。

今、人生を振り返ってみると、私にとって想定外だったのは早くに夫を亡くしたこと、そして子供を授からなかったことです。けれどもその分、四十代、五十代は仕事に全精力を注ぎ、それが六十歳からの新たな人生を切り拓くことにつながりました。

妊娠、出産、子育てという大変な時期を過ごした方たちも、ようやく自分の時間をもてる五十代、六十代から、もう一度違う人生を味わうことができることでしょう。今までコツコツと続けてきたことが実を結ぶから、五十代、六十代から人生がまた楽しくなるのです。でも、面倒なことを避け、やりたいことを後回しにしていると自分の中に何も蓄積されないから楽しくありません。

つくづく、人生はフェアだなと思います。これまでにしてきたこと、考えたこと、避けてきたこと、すべてが自分に跳ね返ってきます。だから、若い人たちには失敗を恐れずに何にでもトライしてもらいたいと思います。こんなによい国に生まれたのだもの、好きなことができるでしょう?

人が死ぬ間際に後悔するのは、やったことではなく、やらなかったことだといいます。人間が生きているうちにできることなど、たかが知れています。小さな世界にこもっていないで、やりたいことをどんどんやったほうがいい。そして、縁あって出会った人やもの、起きたことすべてに感謝して、「ありがとう、楽しかった」と言ってきれいにこの世を去っていく——。それが最高。

人生はフェアである。
やったこと、考えたこと、
避けてきたこと、
すべてが自分に跳ね返ってくる。

面倒なことを後回しにしていると、
何も蓄積されないから楽しくない。
小さな世界にこもらずに、何にでもトライしよう。

〈著者プロフィール〉
佐伯チズ（さえき・ちず）
1943年生まれ。OLを経て美容学校、美容室勤務ののち、1967年にフランスの化粧品メーカー・ゲランに入社。その後、渡米などを経て、1988年、パルファン・クリスチャン・ディオールのインターナショナルトレーニングマネージャーに就任、美容部門スタッフの育成にあたる。2003年同社を定年退職後、エステティックサロン「サロンドール マ・ポーテ」を開業。美肌師、生活アドバイザーとして、雑誌、テレビ、各種講演などさまざまな場で活動。2012年から成安造形大学の客員教授も務めている。主な著書に『頼るな化粧品！―顔を洗うのをおやめなさい！』『美肌革命―お金をかけずにきれいになる』『佐伯チズ、美の流儀―肌、人生、仕事についての129のレッスン』（以上すべて講談社）などがある。

今日の私がいちばんキレイ
佐伯流 人生の終いじたく

2015年6月25日　第1刷発行
2020年6月20日　第2刷発行

著　者　佐伯チズ
発行人　見城 徹
編集人　福島広司

GENTOSHA

発行所　株式会社 幻冬舎
〒151-0051　東京都渋谷区千駄ヶ谷4-9-7

電話　03(5411)6211(編集)
03(5411)6222(営業)
振替00120-8-767643
印刷・製本所　中央精版印刷株式会社

検印廃止

ISBN978-4-344-02779-4　C0095
幻冬舎ホームページアドレス　https://www.gentosha.co.jp/

この本に関するご意見・ご感想をメールでお寄せいただく場合は、
comment@gentosha.co.jpまで。